신경의 형성

신경은 어떻게 신경이 되었는가?

프랜시스 영 지음 · 강성윤, 민경찬 옮김

The Making of the Creeds
by Frances M. Young

Text © Frances M. Young 1991
Preface @ Gareth Jones 2002

Originally published in English as *The Making of the Creeds*
by SCM Press, London, United Kingdom
All rights reserved.

This Korean translation edition © 2022
by Time Education C&P Co., Ltd., Seoul, Republic of Korea
This Korean edition is published by arrangement of
Hymns Ancient and Modern LTD
through rMaeng2, Seoul, Republic of Korea.

이 한국어판의 저작권은 알맹2를 통해 Hymns Ancient and Modern LTD와 독점
계약한 ㈜타임교육C&P에 있습니다. 신 저작권법에 의해 한국 내에서 보호를 받는
저작물이므로 무단전재와 복제를 금합니다.

The Making of the Creeds
신경의 형성
신경은 어떻게 신경이 되었는가?

프랜시스 영 지음 · 강성윤, 민경찬 옮김

| 차례 |

2판 서문   7

1판 서문   13

들어가며   17

1. 신경들의 형성   27
2. 한 분 하느님, 하늘과 땅의 창조주   57
3. 한 분 하느님
   그리고 한 분 주님이신 예수 그리스도   95
4. 성령과 거룩한 공교회   131
5. 성육신하신 하느님의 아들   171
6. 우리와 우리의 구원을 위해   207

결론과 성찰   249

참고문헌	*263*
프랜시스 영의 생애와 사상	*269*
프랜시스 영 저서 목록	*289*

일러두기

- * 표시는 독자의 이해를 돕기 위해 옮긴이와 편집자가 단 주석입니다.

- 단행본 서적의 경우 『 』표기를, 논문이나 글의 경우 「 」, 음악 작품이나 미술 작품의 경우 《 》표기를 사용했습니다.

- 교부 시대의 인명과 지명은 한국교부학연구회, 『교부학 인명·지명 용례집』(분도출판사, 2008)을 따랐으며, 교부들의 저서명은 한국교부학 연구회, 『교부 문헌 용례집』(수원가톨릭대학교출판부, 2014)을 따랐습니다.

2판 서문

린다 포스터Linda Foster가 SCM 출판사에서 근무하는 동안 가장 잘한 일은 앨런 리처드슨Alan Richardson이 쓴 『신경의 형성』Creeds in the Making을 새롭게 다시 펴내자고 제안한 것입니다. 존 보든John Bowden*은 그 기회를 놓치지 않았을 뿐만 아니라 적임자를 찾아냈습니다. 바로 버밍엄 대학교의 에드워

---

* 존 보든은 영국의 성공회 사제이자 출판인이다. 옥스퍼드 코퍼스 크리스티 칼리지에서 공부하고 성공회 사제 서품을 받은 뒤 1966년부터 2000년까지 SCM 출판사에서 활동하며 수많은 책을 기획, 편집하고 200권이 넘는 책을 번역했다. 특히 마르틴 헹엘Martin Hengel, 게르트 타이센Gerd Theissen, 한스 큉Hans Küng, 위르겐 몰트만Jürgen Moltmann과 같은 독어권 신학자들의 저작을 소개해 영국 신학의 지평을 넓혔다는 평가를 받는다.

드 캐드버리 신학 교수로 활동하고 있던 프랜시스 영입니다. 그리고 10년이 지난 지금 알렉스 라이트Alex Wright는 영이 쓴 『신경의 형성』을 'SCM 고전선'SCM Classics에 포함함으로써 저 모든 노고를 인정했습니다.* 왜 그렇게 했을까요? 간단히 말하면, 이 책은 1990년대에 나온 책 가운데 그리스도교 신학 전 분야에서 나온 책 중 가장 좋은 입문서이자 탁월한 저서이기 때문입니다. 프랜시스 영은 열정적이고 명료하고 탁월한 식견이 담긴 『신경의 형성』의 강점을 살리면서, 현대 학문이라는 렌즈로 내용을 정제해 독자들에게 전달했습니다. 그렇게 함으로써 그녀는 그리스도교 교리사를 한층 정교한 이야기로 만들어냈으며, 그리스도교 신앙을 이해하기 위한 초기 교회의 투쟁이 지닌 서늘한 아름다움을 포착했습니다.

좀 더 구체적으로 이야기하자면, 이 책은 세 가지 점에서 탁월한 면모를 보입니다. 우선 영은 비판적 탐구의 한 형태로 역사의 양상을 이해했습니다. 그녀의 말대로 "과거의 어떤 사실들을 이야기의 형태로 전한다는 것은 곧 역사를 '창

---

* SCM 고전선은 현대 신학에 커다란 영향을 미친 저작들이 주를 이루며 디트리히 본회퍼의 『저항과 복종』Widerstand und Ergebung, 칼 바르트의 『교의학 개요』Dogmatik im Grundriß, 위르겐 몰트만의 『희망의 신학』Theologie der Hoffnung, 구스타보 구티에레스의 『해방신학』Teología de la Liberación 등이 포함되어 있다.

조'하는 것"이며 "그 과정에는 우리의 고유한 관심사와 문제의식이 영향을" 미칩니다. 영은 그리스도교인들이 여러 세대에 걸쳐 삼위일체나 성육신과 같은 생각들을 이해하기 위해 고군분투하는 모습을 생동감 있게 표현함과 동시에 이에 대한 우리의 '읽기'가 어떻게 우리의 교리 해석에 영향을 미치는지를 보여 주었습니다. 이러한 해석학적 질문을 잘못 다루면 자칫 그 결과는 앙상한 뼈에 지나지 않을 수도 있습니다. 하지만 영은 초기 교회의 복합적인 면모를 전례 없이 생생하게 드러냈지요.

두 번째 탁월한 점은 그리스도교 교리가 어떻게 형성되었는지 대담한 방식으로 읽어내고 이를 공의회, 주교, 이단들의 이야기에 반영했다는 것입니다. 이 독해 방식 때문에라도 『신경의 형성』은 고전의 지위를 누릴 자격이 있습니다. 책이 어떤 식으로 구성되어 있는지 잠시 살펴보지요. 초기 교회를 간략하게 소개하고 주요 문제들을 언급한 뒤 영은 그리스도교 교리 발전의 다섯 단계(하느님과 세계에 대한 생각, 하느님과 예수에 대한 생각, 성령과 교회에 대한 생각, 성육신에 대한 생각, 그리고 구원에 대한 생각)를 제시합니다. 제가 '생각'이라는 표현을 반복해서 쓴 이유는 영의 기본적인 집필 의도가 독자들에게 초기 교회가 신앙에 담긴 의미를 어떻게 '생각'했는지를 설명하는 데 있기 때문입니다. 하느님과 세계의 관계, 창조의 의미, 피조물과 이 세계를 넘어선 존재와의 관계를 생각하면서 교회는 자연스럽게 하느님과 피조물을 연결하는 매개로서 예수 그리스도에 대해 숙고했습니다. 그리고 예수에 대한 생각은 그리스도로서 그의 권위, 성령의 능력, 교회를 세울 때 권위의 역할에 대한 생각으로 이어졌습니다. 또한, 그리스도의 몸인 교회에 대한 생각은 성육신한 주님에 대한 생각으로, 성육신한 주님에 대한 생각은 구원에 대한 생각으로 연결되었지요. 영은 독자가 이러한 과정이 역사적으로 불가피했음을 이해하는 데서 그치지 않고 이를 신학적으로 받아들일 수 있도록 탁월한 설명을 제시합니다. 그녀는 단순히 무슨 일이 일어났고 그다음 무슨 일이 일어났는지를 아는 것이 중요한 게 아니라고 말합니다. 왜, 어떻게 그런 일이 일어났는지, 그리고 그러한 과정이 그리스도교 역사에 어떠한 의미가 있는지, 그 전체 경륜을 깨닫는 것이 훨씬 더 중요한 일이라면서 말이지요. 영은 온화하면서도 단호하게 그리스도교 교리는 그렇게 발전했어야 했다고 확신합니다. 그리고 이 모든 과정에는 일정한 논리가 흐르고 있습니다. 바로 십자가의 논리지요.

세 번째 특징은 영의 명확한 해설 능력입니다. 이 덕분에 이 책은 교과서로 성공할 수 있었지요. 그녀는 초기 교회의 역사적 사실 및 신학의 발전을 아울러 이해하고 있을 뿐만 아니라 독자들이 점점 더 깊게 신학과 역사를 이해하도록 인도할 수 있는, 타고난 선생입니다.

『신경의 형성』을 다시 읽으면서 저는 1970년대 『성육신한 하느님이라는 신화』The Myth of God Incarnate*에 글을 기고했던 진보적인 신학자 영의 흔적을 발견합니다. 제대로 된 교육을 받아 그리스도교 교리에 어떻게 접근해야 하는지를 알고, 그리스도교 교리에 담긴 합리성을 파악할 수 있는 통찰력이 엿보인다는 점에서 말이지요. 하지만 1990년대 급진적인(혹은 반동적인) 이해, 그리스도교 신학에 대한 회의와 신랄한 비판으로 점철된 모습은 여기서 찾아볼 수 없습니다. 분명하게, 영은 초기 교회와 현대 교회가 어떠한 면에서 연관되어 있는지를 의식하며 글을 썼습니다. 그리고 그녀는 신경의 기원을 이해함으로써 얼마나 큰 지적, 영적 기쁨이 생겨나는지를 이

---

* 『성육신한 하느님이라는 신화』The Myth of God Incarnate는 종교철학자 존 힉John Hick의 주도로 돈 큐피트Don Cupitt, 모리스 와일스Maurice Wiles, 프랜시스 영과 같은 영국 신학자들이 '성육신'이라는 주제와 관련해 쓴 논문들을 모은 논문집이다. 1977년 출판된 뒤 영국 신학계에서 뜨거운 반응을 일으켰고 후속 논의를 담은 『성육신과 신화』Incarnation and Myth(1979), 『성육신의 논리』The Logic of God Incarnate(1986)과 같은 책들이 나왔다.

야기합니다. 버밍엄 대학교에서 신학을 가르치던 시절 가장 행복한 기억은 바로 프랜시스 영을 만난 일이었습니다. 1995년 시카고 세인트 제임스 대성당 설교단에서 성서 본문과 성서의 역사, 그리고 해석에 대한 탁월한 강연으로 성도들을 매료시켰던 그녀의 모습을 기억합니다. 이 책의 독자들도 같은 경험을 할 것이라고 믿습니다. SCM 출판사에게 축하와 감사를 전합니다.

2001년 11월

가레스 존스 Gareth Jones

1판 서문

 이 얇은 책을 쓰게 된 직접적인 이유는 SCM 출판사의 존 보든이 앨런 리처드슨이 쓴 『신경의 형성』의 개정판을 써 달라고 했기 때문입니다. 책을 쓰면서 저는 보든의 제안에 더 감사한 마음을 갖게 되었습니다. 책을 만드는 일은 단순히 제안에 응하는 것보다 훨씬 더 심오했습니다. 신경의 형성이라는 주제로 글을 쓰면서 저는 오랫동안 해결하지 못한 많은 사안을 갈무리할 수 있었습니다. 그리고 이는 다시금 제 연구 논문과 강의에 영향을 미쳤습니다.

 보든, 그리고 제가 가르친 많은 학생에게 감사의 마음을 담아 이 책을 내놓습니다. 그리고 많은 비공식 신학생들, 특히 자신의 신앙에 확신하지 못한 채 교회 안과 밖을 서성이는 이들이 이 책을 읽고 고전적인 형태의 그리스도교가 무엇인지 이해할 수 있기를 바랍니다.

원고를 마무리하는 단계에서 모리스 와일스Maurice Wiles*는 초고를 읽고 논평을 해 주었습니다. 이에 대해, 그리고 오랜 도움과 격려에 감사를 전합니다. 그는 제 학문적 아버지입니다. 또한, 요양 기간 끔찍한 악필로 쓴 원고 세 장을 타자기로 쳐 준 앤 보웬Anne Bowen, 그리고 색인을 만들어 준 엘노라 퍼거슨Elnora Ferguson에게도 감사를 표합니다.

1990년 11월

프랜시스 M. 영

---

* 모리스 와일스(1923~2005)는 영국의 성공회 사제이자 신학자다. 케임브리지 크라이스트 칼리지와 리들리 홀을 거쳐 사제 서품을 받았다. 이후 런던 킹스 칼리지를 거쳐 1970년부터 1991년까지 옥스퍼드 대학교 신학 흠정 교수를 지냈다. 교부학 분야에 커다란 업적을 남겼으며 근대 이후 그리스도교 신앙의 의미에 관해서도 다양한 저술을 남겼다. 주요 저서로 『그리스도교 교리의 형성』Making of Christian Doctrine, 『신앙과 하느님의 신비』Faith and Mystery of God 등이 있다.

들어가며

 이 책에서 저는 고전 그리스도교 신학이 어떻게 형성되었는지를 다루려 합니다. 출판사에서는 앨런 리처드슨이 쓴 『신경의 형성』의 속편을 써 달라고 요청했고 저는 이에 응했습니다.[1] 리처드슨의 책은 여전히 가치가 있지만, 그가 책을 쓴 1930년대 이후로도 학문은 많이 발전했기 때문입니다. 증거가 새롭게 발견되었고, 오래된 증거를 바라보는 새로운 방식이 등장하면서 신경의 형성이라는 이야기는 다소 수정되었습니다. 이 책에서 하고자 하는 이야기와 『신경의 형성』에

---

1 앨런 리처드슨의 책은 1935년 처음 출간되었고 트리니티 출판사와 SCM 출판사를 거치며 15쇄를 찍었다.

서 전하는 이야기가 근본적으로는 다르지 않으며 주요 인물들도 바뀌지 않았습니다. 바뀐 것은 책의 관점, 그리고 책의 모양새지요.

그렇다면 접근 방식이 어떻게 달라졌을까요? 지난 60년간 교회사, 성서 연구에는 상당한 변화가 있었습니다. 그리고 이는 신학계와 지성계에서 일어난 더 폭넓은 변화와 연관이 있지요. 첫 번째로 주목할 만한 변화는 역사에 대한 이해가 바뀌었다는 점입니다. 19세기에는 성서의 '역사성'historicity 문제가 제기되었습니다. 이에 대한 응답으로 신학자들은 그리스도교를 '역사적 종교'historical religion라 선언하고 이에 걸맞게 신학을 하려 노력했지요. 그들은 '사실'fact에 집착했습니다. 리처드슨의 출발점도 예수와 관련된 '사실', 부활과 관련된 '사실'이었습니다.

> 교리는 … 이 사실들을 설명하기 위해 발명되었다. (19)

이 인용문은 그가 신학과 경험의 관계, 달리 표현하면 교의dogma와 종교의 관계를 어떻게 생각하는지를 암묵적으로 보여줍니다. 리처드슨에게 가장 중요한 것은 예수라는 역사적 인물에 관한 '사실'과 이 사실에 대한 '경험', 그리고 이에 대한 신앙이라는 종교적 반응이었습니다. 이때 신경 형성 이야기는 이 사실, 경험, 신앙에 관한 만족스러운 '이차적' 설명이 생겨난 이야기가 됩니다.

오늘날에도 여전히 대중은 예수, 신앙, 신경의 관계를 이렇게 보는 경향이 있습니다. 하지만 이른바 '새로운 철학들'new philosophies의 영향 아래 최근 신학 연구의 방향은 커다란 변화를 겪었지요. 오늘날 연구자들은 '해석'과 별개로 '사실'에 대해 이야기하는 것은 불가능하다는 것을 알게 되었으며, 역사는 이야기의 한 형태고 모든 이야기는 선택 과정을 거쳐 형성됨을 알게 되었습니다. 즉 역사 기술은 중요한 것이 무엇인지를 판단하고, 원인과 결과를 식별하며, 해석을 통해 일정한 흐름을 형성하는 과정을 포함합니다. 달리 말해 과거의 어떤 사실들을 이야기의 형태로 전한다는 것은 곧 역사를 '창조'하는 것입니다. 그리고 그 과정에는 우리의 고유한 관심사와 문제의식이 영향을 미치지요. 과거에 대해 논하는 활동은 순전히 개인이 하는 활동이 아닙니다. 이 활동은 공동체의 활동입니다. 역사는 사회의 구성물이며 보통 정체성의 형성과 관련이 있습니다. 어떤 역사 이야기든 최종 결정판은 있을 수 없습니다. 각 세대, 혹은 집단이 자신의 관심사에 따라 이야기를 '재구성'reconstruct하기 때문이지요.

여기서 '창조'create는 '발명'invent을 뜻하지 않습니다. 이 재구성에도 책임감 있게 이루어지는 재구성이 있고, 무책임하게 이루어지는 재구성이 있습니다. 이는 역사가가 모든 증거에 얼마나 관심을 기울였는지에 따라, 평가를 왜곡할 수 있는 전제나 선입견들을 얼마나 고려했는지에 따라 달라집니다. 커다란 차원에서, 역사는 '주어진' 것입니다. 그렇기에 사실을 중시하는 이들은 우리가 우리 입맛에 따라 과거를 바꿀 수 없으며 그래서도 안 된다고 강조했습니다. 하지만 여기서도 일정한 관점의 변화가 있었습니다. 오늘날 학자들은 역사가마다 과거의 각기 다른 면을 보기에 과거에 대한 완결된, 혹은 절대적으로 '중립적인' 설명은 불가능하며 과거에 일어난 날 것 그대로의 사건에 우리가 접근할 수는 없다고 (설령 가능할지라도 무의미하다고) 말합니다.

또한, 학자들은 우리의 경험과 그 경험을 이해하는 과정이 분리될 수 없음을 알게 되었습니다. 우리는 세상에서 무언가를 경험하면 언어를 활용해 그 '무언가'에 이름을 붙입니다. 그리하여 경험은 '우리의 경험'이 됩니다. 이때 언어는 어떤 사회, 문화의 구성물이며 사회, 문화 구성원으로서 우리는 이 언어를 익힌 채 경험을 합니다. 최초의 그리스도교인들도 마찬가지입니다. 예수와 관련된 사실, 그리고 부활과 관련된 그들의 경험은 그들의 응답, 그들의 경험에 대한 해석을 포함합니다. 이러한 과정이 없었다면 그들은 그 경험에서 아무런 의미를 얻지 못했을 것이고, 이 경험을 나눌 수도 없었을 것입니다. 그러므로 신경 형성 이야기는 신앙의 이차 요소, 부차적인 이야기가 아닙니다. 신경 형성사는 예수에게 응답하고 예수를 이해하는 총체적이고 복합적인 흐름, 이 흐름에 몸담은 새로운 공동체의 정체성이 형성되는 일련의 과정에 대한 이야기라고 할 수 있습니다. 신학은 경험과 분리될 수 없으며 예수에 대한 고백은 교의나 종교 중 한 범주에만 들어있을 수 없습니다. 이러한 관점의 변화는 언어 철학, 구조주의뿐만 아니라 '지식 사회학'sociology of knowledge의 영향을 받은 '해석학'hermeneutics의 발전과 관련이 있습니다.

우리는 '상징들로 이루어진 세계' 안에 살고 있습니다. 특정 생각들은 모두 문화라는 매개를 거쳐 우리에게 들어오지요. 이에 기대어 우리는 어떤 생각은 이치에 바르다고 여기고, 어떤 생각은 그렇지 않다고 여깁니다. 이러한 맥락에서 과거 학자들이 주장했듯 '신화'myth, '상징'symbol, '은유'metaphor와 '문자 그대로의 의미'literal meaning를 구별하는 것은 그리 간단한 일이 아닙니다. 상징 언어의 실제 의미를 진술하는 것 또한 마찬가지입니다. 이러한 관점의 변화는 초기 그리스도교 사상을 평가하는 방식에 커다란 영향을 미칠 수밖에 없습니다. 이제 학자들은 리처드슨이 가정했듯 낯선 (그리고 낡은) 이방 문화라는 피상적인 껍질을 제거하면 참된 그리스도교 신앙의 핵심을 발견할 수 있다고 상상하지 않습니다. 대신 그들의 세계로 들어가려 노력하지요.

초기 그리스도교인들은 현대 세계에서 가정하는 역사에 별다른 관심을 기울이지 않았습니다. 그리스도교가 역사적 종교라는 주장을 들었다면 그들은 곤혹스러워했을 것입니다. 하지만 초기 그리스도교인들은 예수가 단지 초자연적인 방문자였다는 주장(당시 문화에서 이러한 주장은 꽤 설득력이 있었습니다)에도 반대했습니다. 당시 문화의 흐름을 거스르는 이러한 요소들은 다른 세계관과 구별되는 그리스도교 세계관이 무엇인지를 식별하는 데 매우 중요합니다.

초기 그리스도교 신앙의 '반反문화'anti-culture 요소 중 가장 중요한 요소는 아마도 창조 교리일 것입니다. 과거에 연구자들은 교리 형성을 연구할 때 그리스도론에 관심을 집중했고 그 결과 창조 교리의 중요성은 흐릿해졌습니다. 그리스도론은 하느님과 세계의 관계에 대한 근본적인 문제들을 다루며 형성되기 때문이지요. 하지만 그 바탕에는 창조 교리가 있었습니다. 창조 교리는 물질로 이루어진 피조물이 영적 존재를 매개할 수 있다고 확언했고 그 결과 성사sacrament는 참된 의미의 성사가 될 수 있었습니다. 그리고 교회는 예수의 부활을 순전한 영의 부활로 보려는 유혹에 자주 휘말렸음에도 불구하고 이 교리에 기대어 육체의 부활을 끈질기게 고수했지요. 이 맥락에서 이야기의 전개 방식은 극적으로 바뀌었습니다. 이 책은 한편으로는 현대 학자들이 자주 제기하는 관점, 즉 교리 논쟁은 구원의 현실성에 대한 관심에서 나왔다는 관점을 따릅니다. 여기에 더해 저는 당시 교회가 창조 교리에 영향을 받았기 때문에 특정한 방식으로 구원을 이해했다고 보며, 이러한 관점으로 신경 형성의 과정을 살펴보려 합니다.

몇십 년 사이에 일어난 변화에는 또 다른 요인도 있습니다. 사해 사본과 나그함마디 문서 같은 새로운 자료들의 발견이 그 대표적인 예지요. 이를 바탕으로 새로운 세대의 학자들은 과거 학자들의 전제에 도전하고 결과적으로 새로운 통찰을 얻었습니다. 이러한 비판적 과정을 통해 오늘날 학자들은 좀 더 '그들의 세계'에 들어갈 수 있게 되었지요. 리처드슨이 글을 쓸 때 학자들은 '그리스 문화'와 '유대 문화'를 분명하게 구별할 수 있다고 생각했습니다. 하지만 이제는 그것이 지나친 단순화임을 압니다. 팔레스타인 지역은 예수가 태어나기 2~300년 전 이미 헬레니즘의 영향 아래 있었습니다. 문화 간 상호작용은 매우 복잡한 현상임을 학자들은 과거보다 더 의식하고 있습니다(상당 기간 영국과 서구 문화의 영향을 받은 인도 사회를 생각해 보십시오). 또한, 오늘날 학자들은 예전과 달리 과거에 유대교가 어떠했는지를 정확히 알 수 있다고 확신하지 않습니다. 그리스도교가 출현하던 시기에 '유대교'는 거의 형성되지 않았습니다. 당시 유대인들의 신앙은 매우 다양했지요. 현대 유대교 학자들의 역사 및 전통 해석도 그리스도교 신학계에 새로운 도전과 자극을 주었습니다. 이제는 그리스 철학의 악영향(이라고 추정되는 것)을 말끔히 제거한다고 해서 그리스도교의 교리와 성서에 바탕을 둔 생각들 사이에 자연스러운 연속성이 생긴다고 주장할 수 없습니다.

리처드슨이 글을 쓸 때 학자들은 '성서가 제시하는 살아 있는 하느님'과 '철학이 제시하는 추상적인 신'을 대조하곤 했습니다. 하지만 이제 우리는 신인동형론anthropomorphism에 대한 철학의 비판과 우상숭배에 대한 성서의 비판 사이에 중요한 일치점이 있음을 압니다. 이러한 맥락에서, 하느님은 형언할 수 없으며 인간은 그분을 온전히 이해할 수 없다는 유대교 전통은 플라톤주의에서 이야기하는 신의 초월성을 플라톤주의보다 더 철저히 밀어붙인 것으로 볼 수도 있습니다. 플라톤주의 관념론은 영혼과 신성 사이에 친연성이 있다는 생각을 바탕으로 삼기 때문입니다. 당시 다수의 유대인이 그리스어로 된 성서를 읽었다는 사실은 그들이 유대 사상과 그리스 사상 사이에 공통점이 있다고 보았음을 알려 줍니다(이는 윤리의 차원에서도 중요한 의미를 지닙니다). 그러므로 '그리스도교의 헬라화'Hellenization of Christianity는 더는 애통해할 일이 아닙니다. 그리스 철학과 유대교 전통들의 결혼은 적절하고도 유익했고 그 결실로 그리스도교라는 새로운 것이 나왔습니다. 그리고 그리스도교는 한편으로 부모의 특징을 물려받았고, 부모와 자신을 차별화하면서 정체성을 형성했습니다. 이 책에서는 그 과정을 살펴보려 합니다.

신경들의 형성

그리스도교는 세계 주요 종교 중 신경과 교리를 중시하는 유일한 종교입니다. 다른 종교에도 고유한 경전, 예배, 윤리, 생활 방식이 있습니다. 또한 나름의 철학적, 지적 형태를 띠고, 신비주의라든가 대중적인 차원에서의 표현도 있지요. 그러나 정통파가 고수해야 할 신앙의 표준을 진술한 신경을 발전시키지는 않았습니다. 설령 있다 하더라도 그것은 그리스도교에 대응하여 만들어진 것이지요. 다른 종교에도 고유한 성가와 기도가 있습니다. 고유한 축제가 있으며, 종교와 관련된 대중적인 신화, 성인과 영웅들의 이야기가 있고 고유한 종교 예술이 있습니다. 다른 종교도 사회와 문화 형성에 영향을 미칩니다. 그러나 '정통'orthodoxy, 즉 올바른 믿음이 있고 이것을 벗어나면 '이단'heresy으로 간주한다는 관념이 다른 종교에는 없습니다.

현실에서 그리스도교는 앞서 언급한 다른 종교들과 많은 특성을 공유합니다. 다른 종교가 그랬듯 그리스도교 역시 수 세기에 걸쳐, 다양한 문화에서 구현되면서 다양한 형태와 생활 방식을 낳았지요. 그러나 이론상 그리스도교는 동질적homogeneous이며, 그 동질성homogeneity은 '정통 신앙'orthodox belief에 근거합니다. 오늘날 교회일치운동에도 불구하고 다양한 그리스도교 집단은 여전히 자신이 전하는 진리가 곧 그리스도교가 전하는 진리라고 주장합니다. 모든 그리스도교 집단이 이를 공유한다는 점은 부정하면서 말이지요. 즉 그들은 자신들이야말로 '정통'이라고, 거짓 신앙과 구별되는 참된 신앙을 가졌다고 주장하는 셈입니다. 실제로 다양한 '정통들'이 있을지도 모릅니다. 어떠하든 이토록 '정통'에 관심을 기울이는 것은 그리스도교의 특징입니다.

이 문제에 대해 좀 더 생각해 보지요. 사실 놀라운 일입니다. 그리스도교는 유대인들의 신앙에서 태어났습니다. 하지만 종종 학자들이 말하듯 유대 신앙의 핵심은 '정통'이 아닌 '정행'orthopraxy, 즉 올바른 가르침이 아닌 올바른 행동입니다.

그리스도교인들은 유대인들을 따라 정통을 강조한 것이 아닙니다. 오히려 유대인들이 그리스도교에 대한 반응으로 자신들의 '신앙'을 공식화했지요. 정통 교리는 예수의 가르침이나 태도에서 유래한 것도 아닙니다. 냉정하게 복음서 기록을 살펴보면 누구도 이후 등장한 교회의 주교와 같은 권위를 가지고 어떤 교리를 내세우지 않습니다. 누구도 논쟁자나 의심하는 이들을 배제하지 않지요. 그렇다면 정통을 중시하는 그리스도교의 특징은 어디서 유래한 것일까요? 이 책의 목적은 그리스도교가 어떻게, 그리고 왜 신경을 중시하는 종교가 되었으며 교리가 어떻게, 그리고 왜 발전했는지를 살펴보는 데 있습니다. 이를 위해서는 당연히 신경들에 대해 물음을 던져 보아야 합니다. 오늘날에도 교회 예배에서 쓰는 신앙 고백들, 즉 **사도 신경**Apostles' Creed과 **니케아 신경**Nicene Creed의 기원은 무엇일까요? 그리고 그 신경들의 기능은 무엇이었을까요?

5세기 이전, 전 세계에 복음이 전해지기 전에 이미 한 전설이 있었습니다.

> 그리스도를 믿게끔 사람들을 초대할 때 서로 다른 가르침을 전하지 않기 위해 사도들은 장차 무엇을 선포해야 할지를

두고 모두가 동의하는 규범을 정했다. 그들은 한자리에 모였고 성령에 충만히 잠긴 채 각자가 선포하기에 적절하다고 여기는 구절을 모아 이 간략한 징표를 작성했다. 그리고 그들은 이 징표가 신자들을 위한 표준 가르침이 되어야 한다고 선언했다.[1]

얼마 지나지 않아 사람들은 각각의 조항을 특정 사도가 만들었다고 이야기하기 시작했습니다. 하지만 사도들은 우리가 알고 있는 사도 신경을 만들지 않았지요. 물론 사도 신경이 우리가 '옛 로마 신경'Old Roman Creed(위에서 언급한 전설이 가리키는 최초의 신경)이라고 부르는 신경의 후예임은 분명합니다. 그러나 '옛 로마 신경'과 사도 신경이 완전히 일치하지는 않습니다. 또한, 동방 교회에서는 '옛 로마 신경'과 사도 신경을 사용하지 않았습니다. 동방 교회에서 쓰는 신경들도 전체 흐름이나 문체는 저 두 신경과 비슷하지만 말이지요. 옛 로마 신경, 동방 교회에서 쓴 신경을 포함한 이 다양한 신경들은 3세기 초에 등장했습니다. 더 이른 그리스도교 문헌들에서는 발견되지 않지요. 그러므로 신경에 관한 전설을 액면 그대로

---

[1] J. N. D. Kelly, *Early Christian Creeds* (Longman, 1972), 1~2에서 재인용.

받아들일 수는 없습니다. 우리는 이 신경들이 어떻게 나오게 되었는지, 전조는 어떠했는지를 살펴야 합니다.

한편, 우리는 4세기에 이르러 교회들의 공의회가 열렸고 이 공의회의 결정으로 '니케아 신경'이라고 부르는 신경을 채택했음을 알고 있습니다. 이러한 결정 과정에는 일련의 정치적 압력을 포함해 여러 요인이 작용했지요. 우리는 이 결정이 나오기까지의 역사적 과정도 살펴보아야 합니다.

니케아 신경을 채택하고 결정하기까지 일어난 교리 논쟁을 살펴보면 당시 사람들이 교리와 관련된 질문, 혹은 도전을 받을 때 이에 대한 답변으로 주교에게 받은 '신앙'이라고 부르는 것을 제시하고 신경, 혹은 신경 형식의 요약문을 인용한다는 사실을 발견할 수 있습니다. 이는 당시 교회에 세례와 입교와 관련된 일정한 훈련 과정이 있었음을 알려 주는 분명한 증거라 할 수 있지요. 그리고 4세기 중엽에는 그리스도교 세계 여러 지역에서 수많은 사순절 강론이 이루어졌습니다. 오늘날에도 그 자료가 남아있지요. 이 자료들은 당시 개종자들이 어떻게 세례를 준비했는지를 알려 줍니다. 당시 개종자들은 3년 동안 '말씀을 듣는 이'로 활동한 후에 주교들의 강론을 들을 수 있었습니다. 그리고 부활 밤 입교 의례가 이어졌지요. 이는 세례를 받으며 그리스도와 함께 죽었다가 부활절 일요일 아침 그분과 함께 다시 살아난다는 의미가 있습니다. 이 관습은 적어도 3세기부터 있었으며 더 올라갈 수도 있습니다. 현재 남아있는 강론들은 보통 신경의 조항들에 대한 해설로 이루어져 있습니다. 그렇기에 해설을 토대로 지역마다 있던 신경들을 재구성할 수 있지요. 교회의 구성원이 되는 과정에서 사람들은 세례를 받기 전까지 이 신경을 외워야 했습니다. 우리에게 친숙한 신경 형태가 만들어지고 쓰인 배경은 이러했습니다. 니케아 신경을 채택한 후에도 지역 신경들은 살아남았습니다. 지역 교회는 공의회에서 채택한 신경을 자신의 신경에 반영했습니다. 콘스탄티노플 신경Creed of Constantinople(오늘날 우리는 이를 '니케아 신경'이라고 부릅니다)은 이러한 과정에서 나온 것으로 보입니다. 325년 니케아에서 처음 합의한 신경에 성령과 관련해 더 상세한 조항이 추가되었고 381년 공의회는 이를 공식 신경으로 택했습니다. 신경은 처음부터 '정통의 시금석'은 아니었습니다. 처음에 신경은 지역 교회들을 담당하는 주교가 새롭게 그리스도교인이 된 이들에게 가르친 신앙의 핵심 전승이었습니다. 세부사항은 지역 교회마다 조금씩 달랐지요. 니케아 신경과 사도 신경만 비교해 보아도 이를 알 수 있습니다. 콘스탄티노플 공의회에서 채택한 니케아 신경은 동방 교회에서 주로 썼던 신경들에 바탕을 두고 있고 사도 신경은 비슷한 시기 로마 교회에서 사용한 옛 로마 신경에 바탕을 두고 있습니다(도표 1 참조).

이 신경들을 비교해 보면 여러 흥미로운 점이 있습니다. 이들 모두 성부 하느님, 성자 하느님, 그리고 성령이라는 세 부분으로 이루어져 있습니다. 하지만 어떤 신경도 삼위일체 교리를 체계적으로 기술하고 있지는 않지요. 신경은 성부, 성자, 성령이 서로 연관이 있다고 암시하지만, 삼위일체라는 말은 쓰지 않으며 '하나 안에 셋'이라는 신론을 설명하지도 않습니다. 이러한 맥락에서 신경들은 교리 체계가 아닙니다. 다양한 신경이 있었다는 사실 자체가 이를 뒷받침해 준다고도 볼 수 있습니다. 하지만 신경들 사이의 차이점보다는 공통점이 더 중요합니다. 이 신경들을 통해 당시 교회가 전하고자 했던 바는 본질적으로 하나의 이야기이기 때문입니다. 이야기는 하나이더라도 이를 전하는 방식은 다양할 수 있습니다. 이야기를 전하는 사람의 기교는 물론이고, 어떤 부분을 중시하고 어떤 소재를 택하느냐에 따라 다양한 색채를 띨 수 있지요. 그렇다 하더라도 신경의 근본적인 속성은 바뀌지 않습니다. 신경은 복음의 압축판이자 경전들의 요약판이었습니다. 이와 관련해 예루살렘의 키릴루스Cyril of

Jerusalem는 『교리교육』Catecheses에서 말했습니다.

> 모든 사람이 성서를 읽을 수는 없습니다. 어떤 사람은 교육을 받지 못해 지식을 습득하기 힘들고, 어떤 사람은 시간이 없기 때문입니다. ... 그래서 우리는 신앙의 전체 가르침을 몇 줄로 요약한 것입니다. 이 가르침은 인간이 모은 것이 아니라 성서에서 가장 중요한 부분을 모아 이루어진 것이기 때문에 소중히 여기고 외워서 잘 간직해 두어야 합니다.

하지만 성서의 요약본을 의도했다고 할 때 예상되는 모습과 신경들의 모습은 사뭇 다릅니다. 신경에는 하느님이 선택한 백성인 이스라엘 민족의 역사도 나와 있지 않고 예수의 가르침이나 생애도 언급하고 있지 않습니다. 그리고 신경들은 세부사항에서도 놀라울 정도로 유사한 부분들이 있습니다. 니케아 신경, 사도 신경, 키릴루스의 강론들을 바탕으로 재구성한 신경(이외에 더 많은 신경을 추가할 수도 있습니다)을 비교해 보면 차이점과 공통점을 더 깊게 관찰할 수 있습니다.

니케아 신경은 동방 교회의 전형적인 신경이라 할 수 있는 키릴루스의 신경과 여러 면에서 유사합니다. 둘 모두 "하늘과 땅"에 대한 관심만큼이나 "보이지 않는" 피조 세계, 혹

도표 1

니케아 신경	사도 신경	예루살렘 신경
우리는 한 분이신 성부 하느님을 믿습니다. 그분은 전능하셔서, 하늘과 땅과 이 세상의 보이고 보이지 않는 만물을 지으셨습니다. 우리는 한 분이신 주 예수 그리스도를 믿습니다. 그분은 모든 시간 이전에 성부에게서 나신, 하느님의 독생자이십니다.	나는 믿습니다. 전능하신 하느님 아버지, 하늘과 땅의 창조주를 믿습니다. 그리고 하느님의 외아들, 우리 주 예수 그리스도를 믿습니다.	우리는 한 분이신 성부 하느님을 믿습니다. 그분은 전능하셔서, 하늘과 땅과 이 세상의 보이고 보이지 않는 만물을 지으셨습니다. 우리는 한 분이신 주 예수 그리스도를 믿습니다. 그분은 모든 시간 이전에 성부에게서 나신, 하느님의 독생자이십니다.
그분은 하느님에게서 나신 참 하느님이시오, 빛에서 나신 빛이시오, 참 하느님에게서 나신 참 하느님이시오, 창조되지 않고 나시어 성부와 동일 본질이시며, 만물이 이분을 통해서 창조되었음을 믿습니다.		그분은 하느님에게서 나신 참 하느님이시며, 하늘과 땅과 이 세상이 창조되었음을 믿습니다.
그분은 우리와 우리의 구원을 위하여 하늘로부터 내려오시어, 성령의 능력으로 동정녀 마리아에게서 태어나, 참 인간이 되셨습니다. 그분은 우리 때문에 본디오 빌라도 치하에서 십자가형을 받아, 죽음을 당하시고 묻히셨으나, 성서의 말씀대로 사흘 만에 부활하셨습니다. 그분은 하늘에 올라 성부 오른편에 앉아 계시며, 그분은 산 이와 죽은 이를 심판하러 다시 오실 것입니다. 그리고 그분의 나라는 끝이 없을 것입니다.	그분은 성령으로 동정녀 마리아에게 잉태되어 나시고 본디오 빌라도 치하에서 고난을 받으시고 십자가에 못 박혀 죽으시고 묻히셨으며, 죽은이 세계에 내려가시어 사흘 만에 죽은 자들 가운데서 부활하시고 하늘에 올라 전능하신 하느님 오른편에 앉아 계시며, 산 이와 죽은 이를 심판하러 다시 오실 것을 믿습니다.	그분은 (성육신하사어) 인간이 되셨고, 십자가형을 받아, 죽음을 당하였고 (본체나) 사흘 만에 부활하셨으며 하늘에 올라 성부 오른편에 앉아 계십니다. 그분은 산 이와 죽은 이를 심판하러 영광 가운데 다시 오실 것이니 그분의 나라는 끝이 없을 것입니다.
우리는 주님이시며, 생명을 주시는 성령을 믿습니다. 성령은 성부로부터 나오시며, 성부와 성자와 더불어 같은 경배와 영광을 받으시고, 예언자들을 통하여 말씀하시고 계십니다. 우리는 하나이고, 거룩하며, 보편적이고, 사도적인 교회를 믿습니다. 우리는 죄를 용서하는 한 세례를 믿습니다. 우리는 죽은 이들의 부활과, 오고 있는 세계에서 살게 될 것을 믿습니다. 아멘.	나는 성령을 믿으며 거룩한 공교회와 모든 성도의 상통을 믿으며 죄의 용서와 몸의 부활을 믿으며 영원한 생명을 믿습니다. 아멘.	(그리고) 우리는 보혜사 성령을 믿습니다. 그분은 예언자들을 통하여 말씀하고 계십니다. 죄를 용서하는 참회의 한 세례이고 거룩하며 보편적인 교회를 믿으며 몸의 부활을 믿으며 영원한 생명을 믿습니다. 아멘.

은 영적 세계spiritual world에 대한 관심을 보이고 만물을 창조한 말씀인 그리스도의 선재pre-existence를 강조하지요. 또한, 키릴루스의 신경에서는 분명하게 나타나지 않는 동방 신학의 특징("우리와 우리의 구원을 위하여")을 언급하고 있기도 합니다. 하지만 키릴루스의 신경을 포함한 많은 동방 신경과는 달리 니케아 신경은 성육신의 수단으로서 동정녀 마리아와 성령을 언급합니다. 이는 로마 신경과 유사한 점이지요. 이렇게 신경들은 서로 차이점도 있고 유사한 점도 있습니다. 그리고 모두 세 부분으로 이루어져 있지요. 그렇다면 이를 어떻게 보아야 할까요? 신경들은 일련의 상황에 대응하면서 이와 같은 모습을 갖게 된 것으로 보입니다. 신경들의 세부 사항은 교회 안팎의 도전과 관련이 있으며(이에 관해서는 이후에 좀 더 자세히 살펴보겠습니다), 신경들이 공유하는 주요 표현들은 신경들이 형성되기 전 입에서 입으로 전해 내려온 자료들에 바탕을 두고 있는 것으로 보입니다.

신경들은 교리교육과 세례라는 상황 속에서 그 모습을 갖추게 되었습니다. 최초의 신경들보다 약 반세기 이전에 교회에서는 세례 후보자에게 세례를 줄 때 세 가지 질문을 던졌고 각각의 질문에 대해 후보자는 '나는 믿습니다'라고 대답했습니다.

당신은 전능하신 성부 하느님을 믿습니까?

당신은 하느님의 아들 예수 그리스도, 성령으로 동정녀 마리아에게 잉태되어 나시고 본티오 빌라도 치하에서 십자가에 못 박혀 죽으시고 묻히셨으며 사흘 만에 죽은 자들 가운데서 부활하셔서 하늘에 올라 하느님 오른편에 앉아 계시다가 산 이와 죽은 이를 심판하러 오실 분을 믿습니까?

당신은 성령과 거룩한 교회와 몸의 부활을 믿습니까? (위僞 히폴리투스, 사도 전승Traditio apostolica)

대답한 후 세례 후보자들은 물에 잠겼습니다. 이러한 관습은 두말할 것 없이 아버지와 아들과 성령의 이름으로 세례를 주라는 주님의 명령(마태 28:19)에 바탕을 두고 있습니다. 이때 던진 질문들을 학자들은 '질문형 신경'interrogatory creed이라고 부릅니다. 이에 견주어 우리에게 친숙한 형태의 신경들은 '선언형 신경'declaratory creed이라고 부르지요. 두 신경 사이에 어떠한 관계가 있는지, '질문형 신경'을 쓰던 교회가 언제, 어떻게 '선언형 신경'을 쓰게 되었는지를 알려 주는 분명한 자료는 없습니다. 다만 세례 시 던졌던 질문들이 점차 발전한 신경들, 그리고 세례 후보자들이 신경을 외운 다음 세례를 받으며 이를 암송하는 관습에 스며들었다는 점은 알 수 있지요. 정확한 관계가 어떠하든 간에 모든 신경에서 발견되는 삼중 구조는 오래전부터 모든 교회에서 저 세 질문을 던지는 관습이 있었음을 알려 줍니다. 물론 그 세부 내용은 지역에 따라 조금씩 다릅니다. 여러 신경이 기본 형태는 같으면서도 세부 사항에 차이가 있는 것은 그리 놀라운 일은 아닙니다.

신경들이 공유하고 있는 주요 표현들은 입에서 입으로 전해 내려오는 오래된 고백들이었습니다. 그리고 이들은 당시 교회 안팎에서 일어나던 도전들과 관련이 있지요. 2세기 초 안티오키아의 이그나티우스Ignatius of Antioch의 저술들에는 이미 신경과 비슷한 신앙의 요약이 있습니다.

> 우리 하느님 예수 그리스도께서는 하느님의 계획에 따라 다윗의 자손으로서 성령에 의해 마리아에게 잉태되어 나셨으며, 물을 정화하기 위해 고난받으심으로써 세례를 받으셨습니다. (에페소 신자들에게 보낸 편지Epistula ad Ephesios 18:2)

> 예수 그리스도께서는 다윗의 자손이시며 진정 마리아에게서 나시고, 먹고 마시며, 진정 본티오 빌라도 치하에서 박해받으셨으며, 진정 천상, 지상, 지하의 존재들이 보는 가운데 십자가에 못 박혀 죽으셨으며, 진정 죽은 자들 가운데서 부

활하셨습니다. 성부께서 그분을 일으키셨습니다. 누구든 이 예수 그리스도와 동떨어진 말을 한다면 여러분은 귀를 막으십시오. (트랄레스 신자들에게 보낸 편지Epistula ad Trallianos 9)

우리의 주님을 확신하십시오. 그분은 진정 육신으로는 다윗의 자손이셨고 하느님의 뜻과 능력으로는 하느님의 아들이셨습니다. 그분은 진정 동정녀에게 나셨으며 ... 모든 의를 이루시기 위해 요한에게 세례를 받으셨으며, 우리를 위해 진정 빌라도와 분봉왕 헤로데 치하에서 육신에 못이 박히셨으며, 당신의 교회라는 한 몸에 깃발을 세우기 위해 부활하셨습니다. (스미르나 신자들에게 보낸 편지Epistula ad Smyrnaeos 1:1~2)

여기서 눈에 띄는 점은 예수가 진정 인간으로 태어나 죽었다고 강조한다는 것입니다. 이는 분명 당시 교회가 예수는 참된 하느님, 영적인 그리스도이지만 인간으로 변장했을 뿐이며 탄생도 죽음도 실제로 일어나지 않았다는, 이른바 '가현설'docetism이라는 이단의 주장과 마주하고 있었음을 보여 줍니다. 이러한 왜곡과 도전은 교회가 신경들의 세부 표현을 선정하는 데 영향을 미쳤습니다. 그러나 동시에 눈에 띄는 점은 주요 표현들이 거의 고정되어 있다는 것입니다. 이 표현들 모두가 성서에서 끌어온 것은 아닙니다. 일부지요. 당시 교회에서는 이 모든 표현이 익숙했기 때문에, 달리 말하면 교회에서 가르침을 전하거나 예배를 드릴 때 자주 쓰던 '내부 언어'였기 때문에 이를 사용했을 것입니다. 하지만 이때까지 신경의 구절들은 확정되지 않았습니다. 당시 교회들에서는 일정한 정식을 따르되 필요에 따라 융통성 있게 만든 요약문들을 사용했습니다. 또 눈에 띄는 점은 이 요약문들에서는 아직 삼위일체를 다루고 있지 않다는 것입니다. 하지만 훗날 확정된 신경 정식 두 번째 부분(예수 그리스도)의 전조를 우리는 이 요약문들에서 발견할 수 있습니다.

일단 이를 의식하면, 우리는 그 원형들을 신약성서에서 발견할 수 있습니다. 처음부터 그리스도교 공동체는 자신들의 핵심 가르침을 요약하고 자신들의 고유한 이야기를 전하기 위해 정형화된 언어를 발전시켰습니다. 바울은 이렇게 내려오는 전승들과 고백들을 인용하거나 각색한 것처럼 보입니다.

> ... 그리스도께서 성경대로 우리 죄를 위하여 죽으셨다는 것과, 무덤에 묻히셨다는 것과, 성경대로 사흘날에 살아나셨

다는 것과, 게바에게 나타나시고 다음에 열두 제자에게 나타나셨다고 하는 것입니다. 그 후에 그리스도께서는 한 번에 오백 명이 넘는 형제자매들에게 나타나셨는데, 그 가운데 더러는 세상을 떠났지만, 대다수는 지금도 살아 있습니다. 다음에 야고보에게 나타나시고, 그다음에 모든 사도에게 나타나셨습니다. (1고린 15:3~7)

... 이 아들은, 육신으로는 다윗의 후손으로 태어나셨으며, 성령으로는 죽은 사람들 가운데서 부활하심으로 나타내신 권능으로 하느님의 아들로 확정되신 분이십니다. 그는 곧 우리 주 예수 그리스도이십니다. 우리는 그를 통하여 은총을 입어 ... (로마 1:3~5)

그리스도 예수는 죽으셨지만 오히려 살아나셔서 하느님의 오른쪽에 계시며, 우리를 위하여 대신 간구하여 주십니다. (로마 8:34)

이와 유사한 표현들은 바울이 쓴 편지 외 다른 곳에서도 발견할 수 있습니다.

> 그리스도께서도 죄를 사하시려고 단 한 번 죽으셨습니다. 곧 의인이 불의한 사람을 위하여 죽으신 것입니다. 그것은 그가 육으로는 죽임을 당하시고 영으로는 살리심을 받으셔서 여러분을 하느님 앞으로 인도하시려는 것입니다. ... 그리스도께서는 하늘로 가셔서 하느님의 오른쪽에 계시니, 천사들과 권세들과 능력들이 그에게 복종하고 있습니다. (1베드 3:18~22)

확정된 신경 정식들이 정확히 어디서 유래했는지를 알려 주는 증거는 없습니다. 하지만 신경에 담긴 표현들의 기원이 초기 교회의 정형화된 고백 언어들, 오랜 시간 입에서 입으로 내려온 전승들에 있다고 이야기할 만한 충분한 근거는 있습니다.

당시 교회들은 교회 안팎에서 제기되는 도전들에 맞서 정형화된 고백 언어 자료들에서 중요하다고 판단한 표현들을 선택해 그리스도교인들이 세상을 어떻게 이해하는지를 보여 주는 '가장 중요한 이야기'overarching story를 제시하려 했습니다. 이그나티우스부터 몇 세대가 지나고 세계 곳곳에서 그리스도교 저술가들(갈리아의 이레네우스Irenaeus, 북아프리카의 테르툴리아누스Tertullian, 이집트의 오리게네스Origen)은 '신앙의 규칙'regula fidei, '진리의 척도'canon of Truth를 언급했습니다. 이 말들은 분명 그때까지 확정되지 않은 그리스도교 신앙의 요약을 가리킵니다. 이레네우스가 인용한 '진리의 척도'들의 경우 형태, 세부 사항이 조금씩 차이가 있지만 본질적으로 내용은 같습니다. 그는 이러한 인용을 통해 참된 그리스도교의 가르침과 이단들의 거짓 가르침, 거짓 지식을 대조하곤 했습니다. 이와 관련된 투쟁에 대해서는 다음 장에서 좀 더 자세히 이야기하겠습니다. 이 '신앙의 규칙'들을 신중하게 살펴보면 이들이 다양하면서도 일관성을 지니고 있음을 알 수 있습니다. 몇 가지는 분명합니다.

1. 2세기 후반, 3세기 초에 글을 쓴 그리스도교 저술가들은 삼위일체의 형태를 갖춘 확정된 신경을 알지 못했습니다. 하지만 그들은 더 단순하고 덜 발달한 형태로 이루어진, 세례 예식에서 쓰는 세 가지 질문들에 대해서는 잘 알고 있었습니다.

2. 그들은 전부가 성서에서 유래하지는 않지만, 일부는 성서에 바탕을 둔 정형화된 표현들을 곧잘 사용했습니다. 그들은 어떤 확정된 신경은 알지 못했지만, 이 표현

도표 2. 신앙의 규칙

이레네우스	테르툴리아누스	오리게네스
교회는 비록 온 세상에 흩어져 있지만 … 사도들과 그 제자들에게서 이 신앙을 받았습니다.	이제 신앙의 규칙에 대하여 … 여러분은 다음과 같이 믿음을 구성된 것을 알아야 합니다.	… 거룩한 사도들은 그리스도인들에 대한 신앙을 설교할 때, 어떤 가르침 속 신앙을 갖기 위해 필요하다고 생각한 내용을 체계적 매우 분명하게 토해내서 자들에게 전달했습니다. 사도의 가르침을 통해 신앙의 분명한 용어로 전달받은 가르침은 다음과 같습니다.
한 분 하나님 전능하신 아버지께 대한 믿음 그 분은 하늘과 땅과 바다와 그리고 그 가운데 있는 만물을 만드셨습니다.	하나님은 오직 한 분이십니다. 그분은 세계를 창조하셨으며 자신의 말씀 즉 "만물이 처음을 통해 만들을 무로부터 창조하셨습니다.	우선, 하나님은 한 분이시고, 만물을 창조하시고 만물에 질서를 부여하심에 아무것도 존재하지 않았을 때 창조를 하셨습니다. 그분은 첫 창조의 때부터 하나님이시며 세계의 토대이시며, 모든 의인(구약 시대이시며 세계의 이후 시대의) 하나님이십니다. 이 하나님은 마지막 때, 예언자들을 통해 말씀하신 그 약속한 예언을 따라 주 예수 그리스도를 보내셨습니다. …
그리고 한 분 그리스도 예수에 대한 믿음. 그분은 우리의 구원을 위해 인간이 되셨습니다.	이 말씀은 그분의 아들로 불리며, 하나님의 이름으로 족장들에게 여러 형태로 보이셨고, 예언자들에게 말씀하셨고, 마침내 성령과 아버지 하나님의 능력으로 동정녀 마리아에게 내려오셔서, 그녀의 자궁 안에서 육체를 가지시고 그녀에게서 태어나 예수 그리스도로 시셨습니다. 그 후 그분은 하나님 나라의 새로운 법과 새로운 약속을 설교하셨고, 기적을 행하시고, 십자가에 달리셨다, 사흘 만에 다시 일어나셨습니다. 그분은 하늘로 올라가셔서 아버지의 오른쪽에 앉아 있습니다.	그분은 온 아버지에게서 나시고 … 이 마지막 때에는 자신을 비워 인간이 되셨고, 비록 하나님이시지만 육체를 가지셨습니다. … 그분은 성령이 해 동정녀에게서 태어나셨다는 사실을 따르나 우리와 똑같은 몸을 스스로 취하였습니다.
그리고 성령에 대한 믿음. 그분은 예언자들을 통해 인간이 되심, 사랑하는 우리 주 그리스도 예수의 구원 계획과, 그분께서 동정녀에게 임하셔서 나시고 수난하셨으며, 죽은 이들 가운데서 하늘 올라가 "만물을 … 하나로 합치"(에페 1:10)시고 모든 이류를 올리기 위해 아버지의 영광중에 하늘로부터 다시 오실 것을 선포하셨습니다.		
이는 보이지 않는 하나님의 뜻에 따라 그리스도 예수, 곧 우리 주님이시고 하나님이시며 구세주시고 왕 되신 분께 "하늘 위에 땅 아래 있는 모든 것들이 무릎 꿇도록"(빌립 2:10~11) 하기 위함입니다.	그분은 믿는 이들을 인도하기 위해 대신 자기 성령의 권능을 보내셨습니다.	

44 | 신경의 형성

아타나시우스	테르툴리아누스	오리게네스
이는 보이지 않는 하느님의 뜻에 따라 그리스도 예수 곧 우리 주님이시고 하느님이시며 구세주시고 왕 되신 분께 "하늘 위나 땅 위나 땅 아래 있는 모든 것들이 무릎 꿇도록"(필립 2:10~11) 하기 위함입니다. 그리고 그분은 모든 이름 위에 있는 이름인 "아 한 영"(예폐 6:12)과 주님의 영을 따르지 않고 반역한 천사들과 사람들 가운데 불경건한 이들을 영원한 불에 던지실 것입니다. 그러나 의롭고 거 룩한 이들, 처음부터 주님의 회심함으로 그분에 게 명을 지키고 그분의 사랑 안에서 인내한 이들은 은총으로 불멸을 주시고 영원한 영광으로 그들을 감싸실 것입니다.	그분은 영광스럽게 다시 오셔서 성도들을 영원한 생명과 하늘의 약속을 누리게 하시고, 이인들을 정죄하시어 영원한 불에 던지실 것입니다. 이는 그분으로 인해 이들 가운데 육체를 회복한 다음 일어날 것 입니다. 이 규리스 그리스도에서 가르쳐주셨고, 이단들 말고는 누구도 이의를 제기하지 않습니다.	그리고 이 예수 그리스도는 겸손기에만 그런 것 이 아니라 참으로 태어나셨고, 고난받으셨으며, 우리와 똑같은 죽음을 맞이하셨습니다. 하지만 그분은 참으로 이들 가운데서 살아나셨고, 부활 후 제자들과 동행하셨고 하늘로 올라가셨습 니다. 또한, 사도들은 이 가르침을 전해주었습니다. 즉 성령은 영광과 존귀함에 있어 아버지와 아들과 함께 하나이시며 ... 다음으로 사도들은 영혼이 ... 이 세상을 떠난 후 그 보답을 받을 것이라고 가르쳤습니다. 영원한 생명과 복을 누리게 되든지 ... 아니면 영원한 불 속에서 고통받게 될 것입니다. ... 그리고 죽은 이들이 부활하는 때가 올 것입니다. ... (이후 오리게네스는 많은 가르침(자유의지, 악마 와의 싸움, 구원으로 인도하는 천사들의 도움 등) 을 사도가 전해주었다고 말합니다. 하지만 아는 논란의 여지가 있으며 사도가 전했다고 보기에는 의심스러운 면이 많습니다.)

신경들의 형성 | **45**

들로 이루어진 그리스도교 신앙의 요약은 알고 있었고 다양한 상황에서 이를 활용했습니다. 그리고 이 중 많은 표현이 훗날 신경에 포함되었습니다.

3. 그들은 이단이라고 불리던 '거짓 교사'와 논쟁할 때 저 신앙의 요약을 권위 있는 것으로 간주하고 언급했습니다.

4. 그들은 신앙의 핵심을 담은 이 규범이 '사도적'apostolic이라고 보았고 성서 내용이나 해석을 두고 논쟁이 일어났을 때 이를 옳고 그름을 판단하는 표준으로 간주했습니다.

이 모든 점을 고려해보았을 때, 신앙의 규칙은 분명 신경들의 전조라 할 수 있습니다(혹은 신앙의 규칙이 신경들에 중요한 자원을 제공했다고도 할 수 있겠습니다). 신앙의 규칙이 채택한 내용과 전통적인 표현들의 영향으로 두 번째 세례 문답이 확장되고, 세례 시 믿음을 선언하는 과정이 발전했다는 점은 의심할 여지가 없습니다. 이러한 요소들이 서로 어우러지면서 3세기 말 우리가 알고 있는 신경들이 출현했습니다. 이 과정을 추적하면서 학자들은 신경의 성립 과정에 영향을 미친 다양한 역사적 요인들을 식별해 냈습니다.

첫째, 초기 교회는 신앙을 입에서 입으로 전달했다는 것입니다. 신약성서에 있는 정형화된 고백은 이러한 과정을 통해 만들어졌습니다. 그리고 이 고백은 더 정형화되어 신경의 '전수와 수락'traditio et redditio, 즉 신앙의 내용을 마음을 다해 익히도록 들려주고 암송을 통해 받아들이는 과정으로 발전했습니다. 둘째, 초기 교회에는 신앙의 핵심을 요약한 표준 요약본이 필요했다는 점입니다. 교회 안팎에서 그리스도교 이야기의 중요한 내용에 도전할 때 교회 구성원들에게는 이에 맞설 도구가 필요했습니다. 셋째, 전례의 발전입니다. 세례와 신앙의 주요 내용을 가르치는 과정이 연결되면서 자연스럽게 전례 형식이 발전했습니다. 신경들은 이러한 요인들이 맞물리면서 형성되었습니다.

이 중 두 번째 요인은 교회에서 점차 신경을 '정통의 시금석'으로 간주하는 데 커다란 영향을 미쳤습니다. 하지만 신경은 본래 다른 상황에서 나왔으며 신경의 근본 성격을 이해하기 위해서는 이 상황을 알고 있어야만 합니다. 앞서 언급했듯 신경은 어떤 규약이나 교리 체계가 아니라 그리스도교 이야기를 요약한 '고백', 혹은 이야기 속 세 등장인물에 대한 증언입니다. 신경은 하느님이 누구인지, 그분이 무슨 일을 했는지를 이야기합니다. 그렇게 신경은 개종한 사람이 이 이야기와 증언을 자신의 이야기, 자신의 증언으로 만들도록 도와주었습니다. 한편 '고백'이라는 말은 '인정'을 뜻함과 동시에 '찬미'를 뜻하기도 합니다. 이러한 측면에서 신경은 하느님에 대해, 그리고 그분의 구원 활동에 대해 선포하고 찬미하는 유대교 경전을 계승한다고 볼 수 있습니다.

> 이스라엘은 들으십시오. 주님은 우리의 하느님이시요, 주님은 오직 한 분뿐이십니다. 당신들은 마음을 다하고 뜻을 다하고 힘을 다하여, 주 당신들의 하느님을 사랑하십시오. 내가 오늘 당신들에게 명하는 이 말씀을 마음에 새기고, 자녀에게 부지런히 가르치며, 집에 앉아 있을 때나 길을 갈 때나, 누워 있을 때나 일어나 있을 때나, 언제든지 가르치십시오. (신명 6:4~7)

> 내 조상은 떠돌아다니면서 사는 아람 사람으로서 몇 안 되는 사람을 거느리고 이집트로 내려가서, 거기에서 몸 붙여 살면서, 거기에서 번성하여, 크고 강대한 민족이 되었습니다. 그러자 이집트 사람이 우리를 학대하며 괴롭게 하며, 우

리에게 강제노동을 시켰습니다. 그래서 우리가 주 우리 조상의 하느님께 살려 달라고 부르짖었더니, 주님께서 우리의 울부짖음을 들으시고, 우리가 비참하게 사는 것과 고역에 시달리는 것과 억압에 짓눌려 있는 것을 보시고, 강한 손과 편 팔과 큰 위엄과 이적과 기사로, 우리를 이집트에서 인도하여 내셨습니다. 주님께서 우리를 이곳으로 인도하셔서, 이 땅 곧 젖과 꿀이 흐르는 땅을 우리에게 주셨습니다. (신명 26:5~9)

이러한 증언들이 유대인의 정체성을 형성했듯 신경(혹은 그 이전에 있던 신앙의 규칙)은 새신자들의 정체성을 형성했습니다. 유대인들의 고백이 그들의 예배에 깊숙이 자리 잡았듯 그리스도교 신앙 고백 역시 그리스도교 예배에 깊숙이 자리 잡았습니다. 이러한 맥락에서 신경의 기원은 송영頌榮, Doxology이라 할 수 있습니다. 그리고 그리스도교의 이러한 요소들이 유대인들의 신앙을 배경으로 발달했다는 사실은 그리 놀랍고 이상한 일은 아닙니다. 물론 신경은 다른 무언가가 되었습니다. 로마 제국의 정치적인 압력을 받은 공의회가 정통 신앙을 규정한 신경을 사용하기 전에 이미 교회는 신경을 '정통의 시금석'으로 기능하게 하려는 압력을 받

고 있었습니다. 공동체 내 갈등, 거짓 가르침에 맞서 그리스
도교가 말하는 진리가 무엇인지를 확립하려는 모습은 신약
성서에서도 발견할 수 있습니다. 거짓 가르침과의 갈등은 2
세기 영지주의와의 투쟁, 그리고 수 세기에 걸쳐 등장한 '악
에 물든' 이단들과의 투쟁으로 확장되었습니다. 이러한 갈등
은 신경이 형성되는 중요한 계기가 되었고 니케아에서 일어
난 일들의 선례가 되었습니다. 니케아 공의회 이전에도 주
교들은 회의를 열어 그들이 합의한 대로 가르치지 않는 구성
원들을 어떻게 할지를 결정했습니다. 그때에도 교회는 파문
excommunication을 했으며, 거짓 교사들을 정죄했습니다. 니케
아 공의회 이후에 변화한 것이 있다면 정통 신앙, 올바른 신
앙이 무엇인지를 규정하는 데 신경을 사용했다는 점, 공의회
에서 결정한 내용을 시행할 때 제국의 힘을 빌릴 수 있었기
때문에 주교들이 좀 더 효과적으로 자신들의 권위를 행사할
수 있게 되었다는 점일 것입니다.

이제 4세기 신경이 나온 시기를 살펴볼 차례입니다. 니케
아 공의회의 해결책에 만족하는 사람은 소수에 불과했습니
다. 그리고 황제가 반反니케아파로 기울자 주교들은 또다시
공의회를 열어 더 나은 해결책을 제시하려 애썼습니다. 여
러 교회가 고유한 신경을 갖고 있었고 주교들은 이 신경들을

두고 논의하고 수정하고 특정 신경을 받아들였다가 다른 신경으로 대체했습니다. 이 과정은 50년 후 381년 콘스탄티노플에서 마무리되었습니다. 앞서 살펴보았듯 주교들은 세 번째 조항(성령)을 좀 더 발전시켜서, 이전 니케아 신경과는 조금 다른 신경을 확정했습니다. 이로써 교회는 새로운 세대의 요구에 좀 더 효과적으로 응할 수 있게 되었습니다(4장 참조). 70년 후, 다른 문제를 두고 일어난 논쟁을 해결하기 위해 모인 칼케돈 공의회의 주교들은 이전 공의회들의 혼란으로부터 교훈을 얻었습니다. 이 공의회에서는 새로운 신경을 만들려고 하지 않았으며 니케아-콘스탄티노플 신경을 재확인하는 한편 쟁점으로 떠오른 두 번째 조항을 어떻게 해석해야 올바른지를 이야기하는 '정의'definition를 추가했습니다(5장 참조). 이처럼 논쟁은 신경의 형성에 기여했고, 신경이 '정통의 시금석'으로 기능하게 만드는 주요한 계기를 제공했습니다. 그러나 '참된 가르침' 혹은 '정통'에 대한 관심은 그 이전부터 있었습니다. 신경을 사용하기 전에도 주교들은 '참된 가르침'을 결정할 수 있는 권한을 갖고 있었습니다. 주교들이 이러한 권한을 독점하고 있었다는 점에서 초기 교회에는 독특한 측면이 있습니다. 물론 그리스도교인에게 그리스도인으로서 자신의 정체성을 확립하는 문제는 언제나 중요하기 마련입니다. 하지만 이를 위해 신경을 채택하고 사용해야만 했느냐는 물음은 아직 해소되지 않았습니다. 교리가 발전해 나간 역사를 탐구하면서 우리는 이에 영향을 미친 요소들에 대해 좀 더 알게 될 것입니다. 잠정적으로는 다음의 가능성들을 생각해 볼 수 있겠습니다.

1. 다양한 집단이 그리스도교 이야기를 각색했고 오용했기 때문에 진리에 관한 문제가 매우 빠른 속도로 쟁점이 되었습니다. 그리스도교인들이 종교 행위뿐 아니라 신앙에 관해서도 첨예하게 대립했음은 신약성서를 보아도 알 수 있지요.

2. 그리스도교는 한 분이신 참된 하느님에 대한 유대 신앙의 배타적인 충성을 이어받았습니다. 그렇기에 그리스도교는 다른 계시가 가능하고 다른 '신들'이 실제로 '있다'는 이야기를 허용할 수 없었습니다. 여기서도 진리에 관한 물음은 중요한 사안이 되었습니다. 당시 '이교'paganism와 '철학'philosophy은 여러 길을 통해 진리에 접근할 수 있으며, 신들의 계시도 다양할 수 있다고 이야기했습니다. 우상숭배를 거부하는 유대 신앙의 태도와

종교적 배타성을 계승하지 않았다면 그리스도교는 쉽게 혼합주의에 빠졌을 것입니다.

3. 당시 유대인들과 이교도들은 모두 그리스도교인들을 거부하고 배척했습니다. 이에 맞서 그리스도교인들은 자신들이 '제3의 종족'third race이라고 주장했습니다. 그리고 이 경험으로 인해 초기 그리스도교 집단은 긴밀한 조직, 고도의 훈련을 받은 집단이 되었습니다. 위험한 상황에 놓이거나 조롱을 받던 이 집단의 구성원들은 전승으로 내려오는 가르침을 알고 전할 수 있는 권위자, 이와 관련된 권한을 독점해 자신들에게 새로운 정체성을 심어줄 지도자를 받아들일 준비가 되어 있었습니다.

이 모든 상황은 그리스도교인들이 결집하도록 자극했고 권위를 지닌 지도자를 필요로 하게 만들었습니다. 그리고 점차 그리스도교인들은 윤리와 생활 방식과 같은 실천뿐만 아니라 믿음의 내용을 일치시키는 데도 관심을 갖게 되었습니다. 하지만 분열의 씨앗은 이미 뿌려졌고 시간이 흐르며 온갖 분파가 등장했지요. 이후 장들에서는 이 뼈아픈 일들을 좀 더 살펴볼 것입니다. 이제 남은 건 오늘날 현실과도 밀접한 관련이 있는 하나의 물음입니다. 그리스도교에는 본래 '정통', 혹은 '올바른 가르침'을 추구하는 성질이 있는 것일까요? 달리 묻는다면 그리스도교에는 본성상 어떤 지점에서 다른 종교, 문화와 불화할 수밖에 없는 독특한 요소가 있는 것일까요? '정통'이라는 관념을 추구하면 불관용을 낳을 수밖에 없습니다. 그러나 이를 추구한 결과가 부정적이기만 한 것은 아닙니다. 진리에 대한 관심, 사물들이 진정 어떻게 존재하느냐에 대한 관심 역시 '정통'을 추구하는 그리스도교가 낳은 결실입니다. 그리고 이는 분명 인류의 진보를 추동하는 힘, 인류 문명의 발전에 필수 불가결한 원동력이었습니다. 과학이 그리스도교 문명에서 나왔다는 사실은 결코 우연이 아닙니다.

II

한 분 하느님, 하늘과 땅의 창조주

승리를 거둔 그리스도교가 이교를 억압하면서 자연은 '비신비화'de-mystified되었습니다. 매우 오랜 기간 인류는 숲을 신성시했습니다. 풍경이 아름다운 곳을 신비로워했으며 동굴과 샘을 종교적인 장소로 여겼지요. 그곳에서 인류는 자연을 주관하는 신들과 정령들을 숭배했습니다. 그리스도교 열광주의자들은 이를 우상숭배로 간주하고 겁 없이 숲에 있는 나무들을 베었습니다. 그들은 자연을 숭배해서는 안 된다고 생각했습니다. 참된 숭배의 대상은 오직 자연의 창조주인 한 분 하느님이기 때문이지요. 이러한 움직임으로 인해 피조 세계를 파괴하고 착취하는 길이 열렸다는 점을 부정할 수는 없습니다. 하지만 이러한 움직임으로 인해 피조 세계가 '자율'autonomy을 얻었고 인류의 과학 탐구가 가능해진 것도 사실입니다.

신경의 첫 번째 조항에 명시된 교리는 매우 고단한 투쟁의 결과였습니다. 이렇게 이야기하면 어떤 분들은 무척 의외라 생각할지도 모르겠습니다. 이 교리는 유대인들에게 물려받은 유산이 아닌가요? 대답은 '예', 그리고 '아니오'입니다. 진정한 창조주인 한 분 하느님이 '무로부터' 세계를 창조하셨다고 하는 특정 교리는 그리스도교 초창기에 만들어졌고, 그 배경에는 세계의 기원에 관한 고대의 다양한 이론과 신념들이 있었습니다. 하지만 이 교리는 무엇보다도 교회 내부에서 일어난 논쟁의 산물이었습니다.

오늘날 우리는 수 세기 동안 그리스도교가 지배한 문명의 터전 위에 살고 있기에 종교적 세계관이라고 하면 자연스럽게 유일신론monotheism과 제1 원인the First Cause으로서의 신 관념을 떠올립니다. 하지만 과거 사람들의 종교적 사유에서 이는 명백하지 않았으며 논쟁의 대상이었습니다. 그리스도교는 이루 말할 수 없을 정도로 다신론이 주를 이루던 세계에서 태어나 성장했습니다. 당시 철학자들은 인간의 창조 활동과의 유비를 통해 세계의 제1 원인을 숙고했고 창조자의 '질료'matter, 혹은 '토대'substratum 같은 것이 있다고 보았습니다. 그리스도교는 유대인들의 가정, 즉 참된 신은 하느님 한 분이며 우리는 그분에게만 배타적으로 충성해야 한다는 생각을 물려받았습니다. 그리고 유대인들의 경전은 이 하느님을 세계의 창조주로 찬미했지요. 그러나 그렇다고 해서 천사나 악마, 여타 초자연적인 존재를 배제하지는 않았습니다. 창세기 창조 이야기를 보면 혼돈에서 질서가 생길 때 하느님은 '무언가'를 가지고 창조하시는 것처럼 보였습니다. 또한, 유대교 안에서 종말론 성향이 강한 집단들은 이 세계가 하느님의 적, 즉 사탄의 지배 아래 있다고 보는 경향이 있었습니다. 요한 복음서도 사탄을 "이 세상의 통치자"(요한 12:31)로 묘사하지요. 그러므로 당시 사람들에게 하느님이 유일한 분이시며 이 세상의 창조주이자 주권자라는 생각은 우리가 상상하는 것만큼 분명하게 자리 잡고 있지 않았습니다. 그리고 이 때문에 최초로 교회 안에서 격렬한 투쟁이 일어났습니다. 바로 영지주의와의 투쟁이지요.

영지주의 형태의 그리스도교에 맞선 그리스도교 주교들과 사상가들은 영지주의자들을 악마의 영감을 받아 본래 순수했던 그리스도교를 오염시킨 '이단'처럼 묘사했습니다. 그러나 그들이 영지주의와 관련해 남긴 자료들을 살펴보면 그리스도교 영지주의가 등장한 데에는 외부의 영향이 대단히 컸음을 알 수 있습니다. 위대한 학자 하르낙Adolf von Harnack 은 영지주의를 그리스도교가 급진적으로 헬라화된 형태로 보았고, 다른 많은 이도 영지주의가 그리스 철학의 영향 아래 발달했다고 생각했습니다.[1] 이후 학자들은 영지주의는 동방 페르시아의 영향, 조로아스터교의 영향을 더 많이 받았으며, 단순한 '이단'이 아닌 그보다 훨씬 더 큰 현상이라고 생각했습니다. 그리고 몇몇 새로운 발견이 있었고 몇몇 학자들은 영지주의가 오히려 그리스도교보다 먼저 있었으며 그리스도교 발전에 중요한 자극제가 되었다고 이야기했습니다. 이들에게 영지주의는 헬레니즘 시대의 혼합주의와 비관주의를 반영하는 광범위한 종교적 흐름이었습니다. 이후 학자들은 영지주의가 등장하는 데 유대인들의 신앙이 영향을 미치지는 않았는지, 영지주의와 유대교의 종말론을 연결하는 단서가 있는지를 찾고 있습니다. 여전히 일정 부분에서는 논쟁이 있기는 하지만, 오늘날 대다수 학자는 영지주의가 그리스도교 이단 이상의 종교운동이며 신약시대에 이미 그리스도교에 심각한 위협이 되었다는 데 동의합니다. 영지주의 문

---

[1] Adolf von Harnack, *History of Dogma*, Vol. I (Williams & Norgate, 1894), 226.

헌들이 발견됨에 따라 최근에는 더 많은 학자가 영지주의에 관심을 기울이고 있지요. 결론이 어떻게 날지는 분명하지 않습니다. 영지주의를 어떻게 정확히 정의할 수 있을까요? 영지주의와 당시 다른 종교들의 유의미한 차별점은 무엇이었을까요? 그리스도교에서 영지주의가 심각한 문제로 떠오른 시기는 정확히 언제일까요? 교회 내에서 영지주의는 바울에 맞설 정도로, 혹은 요한 복음서의 신학에 영향을 미칠 정도로 일관성 있게 이루어지고 있던 운동이었을까요? 영지주의의 기원은 정확히 무엇일까요? 이 문제들은 여전히 논쟁 중입니다. 하지만 다행스럽게도 이 물음 중 대부분은 열린 물음으로 남겨 놓아도 되며 이 장의 목적에 부합하는 이야기는 충분히 할 수 있습니다.

이 모든 질문에 답하기 어려운 이유는 근본적으로 현대 학계에서 쓰는 '영지주의'라는 말이 매우 다양한 것들을 포괄하기 때문입니다. 교부들도 이 문제에 직면했던 것으로 보입니다. 그들은 '창시자'의 이름을 따서 불렸던, 서로 어느 정도 구별되면서도 유사한 여러 소종파와 집단들(발렌티누스파Valentinians, 나아센파Naassenes, 마르쿠스파Marcosians, 시몬파Simonians, 셋파Sethians, 바르벨로파Barbelognostics)과 마주했습니다. 정통을 추구하던 이들이 보기에 이 소종파와 집단들은 "거짓 지식"(1디모 6:20)에 물들어 있었습니다. 이 집단들이 공유하던 특징 중 일부는 다른 고대 문헌들에서도 발견됩니다. 서양 전통에서 신들의 전령인 헤르메스가 계시했다는 이른바 '헤르메스 문헌'Hermetic literature은 그 대표적인 예지요. 이들은 모두 지상에서의 삶을 몹시 비관하는 태도를 보이며 영적 세계가 신성한 빛, 생명, 지식을 약속한다고 여겼습니다. 몸sōma은 곧 무덤sēma이라고 보는 경향, '더 높은 지식'을 통해 여기서 벗어나고자 하는 욕구는 당시 사람들에게 흔했습니다. 이러한 생각을 하던 이들은 자신들이 플라톤 사상(의 일부)에 기초를 둔 정교한 철학적 계보를 따르고 있다고 주장할 수 있었지요. 그러나 신플라톤주의자인 플로티누스Plotinus도 그리스도교 주교들만큼이나 영지주의에 반대했습니다. 이를 이해하기 위해서는 당시 사람들의 일반적인 태도와 영지주의자들의 태도가 어떠한 지점에서 구별되는지를 알아야 합니다. 동시에 별다른 경각심을 갖고 있지 않은 이들에게는 영지주의가 호소력 있게 다가갔다는 점도 염두에 두어야겠지요. 발렌티누스의 가르침이 담겨 있음을 의식하지 못한 이들에게 『진리의 복음』The Gospel of Truth은 요한 문헌 전통에 속한 좋은 신앙 서적으로 읽혔을 것입니다. 실제로 로마 교회가 발렌티누스를 받아들일 수 없다고 생각하기까지는 어느 정도 시간이 걸렸습니다. 영지주의 집단들은 교회 안에서, 교회 주변에서 활동했고 많은 사람이 이에 매력을 느꼈습니다. 그 때문에 교회는 영지주의를 불온하게 여기고 이를 진압하기 위해 애썼지요. 어떤 학자들, 대표적으로 일레인 페이절스Elaine Pagels와 같은 학자는 이를 그리스도교 신앙에 대한 심각한 배신이자 사상의 자유와 여성주의에 대한 그리스도교 주교들의 전체주의적 탄압으로 봅니다.[2] 그러나 이러한 판단은 영지주의라는 대안이 지닌 음험한 성격을 간과하고, 심각한 투쟁을 벌이던 당시 주교들의 위치가 그리 확고하지 못했다는 사실 역시 놓치고 있습니다. 투쟁의 결과 그리스도교는 교리의 종교가 되었고 그리스도교 조직의 위계 구조가 발전한 것은 사실이지만 말이지요. 이러한 투쟁이 바울의 생전에 일어났든 일어나지 않았든 교회에서 가장 먼저 근본 쟁점을 명확하게 드러낸 사람은 2세기 말 리옹의 주교 이레네우스였습니다. 그가 비판하는 집단들은 가르침의 강조점, 만물과 세계의 기원에 대한 설명, 가르침의 세부 내용이 모두 차이가 있습니다. 그러나 그럼에도 그 집단들이 보인 공통점이 있었지요.

---

[2] Elaine Pagels, *The Gnostic Gospels* (Harmondsworth: Penguin, 1982)

(1) 창조신 데미우르고스the Demiurge와 궁극자인 '아버지'의 구별.
(2) 세계의 기원을 우주 이전의 '타락'으로 설명하고 물질세계를 우연, 혹은 죄의 결과로 보는 관점.
(3) 영적 엘리트들은 물질세계에 갇힌 불꽃이며 소수 집단이 제공하는 비밀 '지식'을 알게 되면 해방되어 신과 재결합할 수 있다는 가르침. '물질'은 구원받을 수 없으며 일반 교회 구성원들은 이류에 불과하다는 시각.

이러한 관점들은 그리스도교가 유대교에서 물려받은 유산의 핵심, 참된 한 분 하느님이 세계를 창조하셨으며 세계가 그분 보시기에 좋았다는 가르침, 그리고 우리는 바로 이분에게 충성해야 한다는 가르침과는 정면으로 충돌하는 생각들이었습니다. 신성을 파편화하고 피조물과 물질세계를 폄하하기 때문이지요. 이러한 맥락을 고려하면 신앙의 규칙, 신경들의 첫 번째 조항에서 한 분 하느님이 세계를 창조했음을 강조한다는 사실은 그리 놀랍지 않습니다. 그러나 역설적으로 영지주의의 이러한 특징들은 실제로 이 운동이 유대-그리스도교 안에서 일어난 운동임을 암시합니다. 영지주의는 한 분이신 궁극적 창조주에 대한 믿음을 노골적으로 거부하는데 이 믿음을 갖고 있는 것은 오직 유대 전통뿐이기 때문입니다. 또한, 악마가 세상을 지배하고 있다는 유대 종말론적 관념에서 악마가 창조자 혹은 '이 세상의 신'이라는 생각으로 나아가는 것은 그리 어려운 일은 아니지요. 어떤 학자들은 메시아 왕국을 세우기 위해 로마에 맞서 일어난 반란이 실패하자 이에 대한 실망이 비관주의에 촉매제가 되었다는 주장을 하기도 합니다. 이들에 따르면 그 결과 희망은 오로지 하늘에 있고 지상에는 절망뿐이라는 관점이 힘을 얻었습니다. 이때 예언은 의미를 잃고 구원은 이 지상에서 탈출하는 것이 되지요. 유대 묵시 문헌이 보여 주는 상징 언어와 영지주의 문헌들이 보여 주는 고도로 상징적이고 우의적인 언어 사이의 흥미로운 연관성(공통된 비유와 수비학數祕學, 천상으로의 여정 및 계시와 같은 유사한 내용 얼개, 빛과 어둠, 생명과 죽음의 대조)은 이러한 설명에 힘을 실어 주었습니다. 물론 새롭게 발견된 영지주의 문헌 중 상당수는 유대교보다는 동방 종교, 혹은 이교의 요소들(점성술, 마술)이 더 많이 보입니다. 하지만 어떤 문헌들에는 창세기에 대한 재해석이 담겨 있기도 하지요. 여기서도 세부 사항은 차이가 있지만, 전반적인 내용은 비슷합니다. 창세기에 나오는 '질투하는 신'이자 우주의 창조자인 데미우르고스는 신보다 열등한 존재이며, 영적 세계에 대해 무지하지만 영적 세계를 '질투'합니다. 그리고 뱀은 영적 지혜의 원리를 구현한 '선한 존재'로 묘사됩니다. 뱀의 제안을 받아들여 선과 악에 대한 지식을 지니면 아담 안에 있는 불꽃이 자신의 정체를 알게 되어 데미우르고스의 손아귀에서 벗어날 수 있기 때문이지요. 영지주의 집단 중 하나인 셋파의 경우 창세기에 나오는 셋을 이따금 세상에 드러나는 '구원자'로 보았습니다. 예수 그리스도 역시 셋이 나타난 것이라고 여겼지요. 많은 영지주의자는 그리스도가 영적 세계를 계시하고 영지주의자의 기원과 본성을 밝히는 초자연적 구원자로 육체와 물질세계에서 우리를 구원한다고 생각했습니다. 이처럼 영지주의자들은 나름의 성서 읽는 법과 나름의 구원론을 갖고 있었습니다. 많은 사람이 그들이 진리를 알고 있다고 생각했지요. 그러나 그들은 성서 중 일부만 선별해 읽었습니다. 그리고 읽는 방식도 교회가 물려받은 전통에 반했지요.

우선 영지주의자들은 예수 그리스도가 역사에 있었던 실제 인간이 아니라고 생각했으며 그렇기에 성육신 역시 실제로 일어난 사건이 아니라고 생각했습니다. 이때 수난은 아예 일어날 수 없게 되지요. 설령 '예수'가 실제로 있었다 해도 그는 부활 후 특정 제자들에게 영적 세계를 드러내는 것을 주요 임무로 하는 초자연적 그리스도가 쓴 가면에 지나지 않았다고 여겼습니다. 그래서 어떤 영지주의자들은 예수는 수난 전에 사라졌으며 십자가에서 죽은 사람은 예수가 아니라 키레네 사람 시몬이라고 주장하기도 했습니다. 어떤 이들은 그리스도가 수난 전에 육체를 벗어났다고 이야기하기도 했지요. 2세기 초 이그나티우스가 마주했던 것은 바로 이런 종류의 가현론이었습니다. 이렇게 되면 부활은 당연히 몸의 부활이 아니게 됩니다. 육체, 혹은 몸은 타락한 물질세계의 일부로 열등한 것이기 때문이지요. 이레네우스는 이러한 견해를 보이는 신자들은 성사에 참여할 수 없다고 말했습니다. 성찬은 지상의 물질들을 가지고 거행함으로써 물질세계와 피조물의 선함을 확언하기 때문입니다. 성찬은 영지주의자들이 선호하듯 순전히 상징으로만 환원될 수 없었습니다. 그리하여 교부들은 이 매력적인 영지주의자들의 가르침을 거부했으며 그들의 기본 교리 역시 배척했습니다. 그렇다면 그들은 구체적으로 어떻게 영지주의에 대응했을까요?

먼저, 이레네우스는 조롱의 방식을 택했습니다. 새롭게 발견된 몇몇 영지주의 문헌들을 통해 알 수 있는 많은 영지주의 가르침은 불만족스러운 현실이 발생한 과정을 상세히 설명합니다. 이 설명에 녹아든 사상 중 일부는 흥미롭고 정교했습니다. 하지만 이들은 너무나도 쉽게 터무니없는 신화, 계보를 추적하는 방식으로 표현되곤 했지요. 발렌티누스파와 싸우며 이레네우스는 이 부분을 집중적으로 파고들었습니다. 발렌티누스파에 따르면 궁극의 아버지는 위대한 비토스Bythos, 즉 심연이며 그는 무한하고 헤아릴 수 없습니다. 그와 함께 ('은총'grace, '침묵'silence으로도 알려진) '사유'thought가 나왔습니다. 그는 그녀를 배우자로 맞이해 그녀에게 씨앗을 뿌렸습니다. 그리하여 둘은 (독생자Only-Begotten으로도 알려진) '정신'mind과 그에 맞는 여성 짝인 '진리'truth를 낳았습니다. '정신'과 '진리'로부터 '말'word과 '생명'life, '설계'design, '지혜' 또는 소피아sophia가 나왔습니다. 이 여덟 에온aeon이 '8인조'Ogdoad를 구성합니다. 이 태초의 8인조는 계속 '10인조'Decad, '12인조'Dodecad를 낳아 총 30개의 에온이 생겼습니다. 이 30개의 에온은 영적 세계인 '플레로마'plēroma(온전함)를 이룹니다.

당시 철학에서 가장 중요한 물음은 어떻게 다자가 궁극적인 일자와 연결될 수 있느냐, 즉 어떻게 모든 존재의 한 근거가 무수히 복잡한 생명체들을 만들어 낼 수 있느냐는 것이었습니다. 영지주의는 이에 대한 답변 중 하나였습니다. 영지주의자들은 궁극적인 무한자의 유출을 통해 영적 세계가 생성되었다고 이야기했습니다. 앞서 말한 몇몇 에온의 이름은 당시 철학의 관심을 반영하지요. 영지주의는 정교한 철학과 고대 신화의 성적 심상들을 결합했습니다. 위에서 보았듯 영지주의에서 '사유', '진리'와 같은 관념들은 남성과 여성의 짝을 이루고 있습니다. 당시 전통 종교의 남신, 여신처럼 말이지요. 또 다른 반영지주의 저술가인 히폴리투스Hippolytus가 요약한 『바룩서』Book of Baruch에서는 영지주의가 유대 천사들이라는 옷을 입고 나타납니다. 각 천사의 이름은 하느님의 속성을 드러내지요. 가브리엘Gabriel은 '하느님의 권능', 파누엘Phanuel은 '하느님의 얼굴', 미카엘Michael은 '누가 하느님과 같은가?', 라파엘Raphael은 '하느님이 치유하신다'라는 뜻을 지니고 있습니다. 영지주의자들은 우주론과 철학에 관심을 기울인다는 점에서 새로우면서도 불편한, 편향된 관점을 지니고 있지만, 그들이 드러낸 영적 세계는 유대 묵시 문헌에 나오는 천상의 궁정과 무관해 보이지 않습니다.

그렇기에 이레네우스는 더 영지주의자들의 위협을 경계했습니다. 하느님의 단일성을 깨뜨리기 때문이지요. 신성의 분열은 한 분 하느님에 대한 충성을 무너뜨린다고 그는 생각했습니다. 그래서 이레네우스는 망설이지 않고 철학을 활용해 발렌티누스의 이론이 얼마나 조잡하고 부적절한지를 밝혔습니다. 그리고 한 분 하느님은 만물을 포괄하나 만물에 포함되지는 않으며 무한하고 분열되지 않는다고, 영지주의자들은 바로 이를 놓친 채 신성이 분열될 수 있다는 주장을 펼친다고 비난했습니다. 그에게 하느님은 존재들을 낳는 어떤 질료가 아니며 창조는 결코 성적 활동 비슷한 것이 아니었습니다.

영적 세계가 어떻게 배치되어 있는지를 보여 준 발렌티누스파 신화는 물질세계의 기원에 대해서도 설명했습니다. 이 신화에 따르면 지혜(소피아)는 궁극의 선조에 대해 '알기'를 열망했습니다. 하지만 무한하고 파악할 수 없는 분을 '알기'란 원리상 불가능했지요. 경솔한 시도로 인해 그녀는 아버지 없이 아카모트Achamoth(지혜를 뜻하는 히브리어의 변형어)라는 기형아를 낳았습니다. 여기서 '알다'라는 말은 이중의 의미를 갖고 있습니다. 하나는 '성행위를 하다'이고 다른 하나는 일반적인 의미의 '알다'지요. F. C. 버킷F. C. Burkitt*은 이 신화가 모든 것을 이해하려 애쓰다 실패에 이르고야 마는 철학의 죄

---

* F. C. 버킷(1864~1935)은 영국의 성서학자다. 케임브리지 트리니티 칼리지에서 수학을 공부했으며 이후 신학으로 석사, 박사 학위를 받았다. 이후 케임브리지 대학교에서 신학을 가르쳤으며 1934년부터 1935년 세상을 떠날 때까지 케임브리지 노리스 힐스 신학교수를 지냈다. 신약학과 초기 교회사에 관한 다양한 저서를 남겼으며 영국 학술원은 그를 기리는 차원에서 매년 성서학에서 탁월한 업적을 남긴 이에게 버킷 메달을 수여한다.

와 어리석음을 암시한다고 이야기한 바 있습니다.[3] 이러한 맥락에서 지혜는 비극적 재앙('네메시스'nemesis)을 초래하기 마련인 '히브리스'hybris, 즉 교만에 빠진 최초의 존재라고 할 수 있습니다. 아카모트는 플레로마에서 추방당했고 이후 영적 세계에 대해서는 무지해 물질세계를 창조한 존재인 데미우르고스를 낳았습니다. 지혜는 소외된 환경에서 분열되고 혼란에 빠진 자신의 자식을 구하고 싶어 했습니다. 이런 이야기를 두고 이레네우스는 더는 조롱만으로는 충분하지 않다고 생각했습니다. 창조주 하느님이 무지하고 무능한 존재로 전락하고, 그분의 창조 및 구원 활동의 통일성이 완전히 훼손되었기 때문이지요. 여기서 성서의 통일성, 예언자들의 예언, 섭리 가운데 그리스도를 통해 이룬 하느님의 목적은 완전히 사라졌습니다. 그렇다면 이런 도전에 이레네우스는 어떻게 대응했을까요?

그는 두 가지 방식을 택했으며 모두 장래의 그리스도교 교리에 커다란 영향을 미쳤습니다. 먼저 이레네우스는 그리스도교의 가르침을 일관성 있는 전체로 다루는 최초의 '조직신학'systematic theology을 창조했습니다. 앞선 사상가들이 일궈

---

[3] F. C. Burkitt, *Church and Gnosis* (Cambridge University Press, 1932)

놓은 관념들과 성서를 활용해 그는 '총괄갱신 이론'theory of recapitulation을 전개했습니다. 영지주의자들이 창세기에 매료되어 있었기에 그는 창세기가 진정으로 무엇에 관한 이야기인지를 보여 주려 했습니다. 그는 이야기했습니다. 참되며 한 분이신 하느님은 세계와 만물을 창조하셨고, 낙원에 피조물 중 으뜸인 아담을 두셨습니다. 그러나 아이처럼 순진하던 아담은 하느님이 주신 자유를 남용했고 그분에게 불순종했습니다. 그 결과 하느님의 선한 피조 세계가 오염되었습니다. 물론 근본적으로는 여전히 선하지만 말이지요. 그리하여 그리스도께서 새로운 아담으로 오셨습니다. 그분은 온전한 인간이었고 아담이 한 일을 되풀이하되 그 과정을 뒤집었습니다. 아담이 실패했던 곳에서 그분은 하느님의 뜻을 성취하셨습니다. 그분을 통해 모든 피조물의 구원은 시작되었고 결국 완성될 것입니다. 그렇기에 성찬에서 나누는 빵과 포도주는 물질이지만 영적인 것의 매개가 될 수 있다고 이레네우스는 말했습니다. 물질은 본래 악한 것, 하느님이 실수로 만든 것, 영혼을 사로잡은 감옥이 아니기 때문입니다. 육체는 새로운 창조 가운데 새로운 생명으로 거듭날 것이라고, 구원은 창조 질서에서 도피하는 것이 아니라 근본적으로 선하지만 엇나간 것을 재창조하는 것이라고 그는 이야기했습니다.

그렇게 이레네우스는 그리스도교 신앙의 전체 이야기를 제시했습니다. 이렇게 해야 예언자들의 활동, 하느님이 인류와 만난 이야기들이 일관성 있게 이해된다고 생각했지요. 이러한 방식으로 이레네우스는 창조주이자 한 분인 하느님에 대한 신앙을 정당화했습니다. 하지만 여기서 그는 한 가지 도전에는 응하지 않았습니다. 원리상 악은 극복되었고 최후에 패배하게 되어 있지만, 세계의 타락이 부분적으로는 사탄의 유혹 때문이라는 견해 말이지요.

이레네우스의 두 번째 접근법은 전통의 권위에 호소하는 것이었습니다. 오늘날 그리스도교인들의 생각과 달리 신앙과 관련된 문제들을 다룰 때 성서에 호소하는 것은 당연하거나 자명한 일이 아니었습니다. 당시 교회는 무엇이 '성서'인지 분명하게 정의하지 않았기 때문입니다. 유대교의 유산으로서 몇몇 경전(모세 오경, 예언서, 시편, 솔로몬이 썼다고 간주한 글 모음들, 그리고 몇몇 묵시 문헌)들이 있기는 했습니다. 그러나 모세 오경과 예언서를 제외하고는 어떤 경전들이 성서로서 권위가 있다고 확정한 규범은 없었습니다. 그리고 이러한 유대 문헌들 외에도 교회에서는 다양한 그리스도교 자료들을 쓰고 있었지만, 그중 어느 자료가 권위를 갖고 있는지는 분명하지 않았습니다. 많은 복음서 중 어떤 복음서가 신뢰할 만한 문헌일까요? 바울 서신들을 경전으로 받아들여야 할까요? 그 밖에 떠돌아다니는 다른 서신들은 어떻게 해야 하나요? 이단자 마르키온Marcion을 포함해 몇몇 이들은 어떤 책들을 '정경'으로 받아들여야 하는지 규범을 확립하려 했습니다. 마르키온은 유대 경전들을 폐기해야 한다고 주장했습니다. 이 경전들에 나오는 진노하는 신은 예수가 드러낸 사랑의 하느님이 아니라고 생각했기 때문입니다. 그리스도께서 나타남으로써 율법은 끝이 났다는 바울의 이야기가 자신의 주장에 힘을 실어 준다고 여긴 그는 바울 서신들과 루가 복음서 일부만 진리를 담고 있다고 말했습니다. 발렌티누스 같은 이들은 아예 나름의 복음서를 만들어내기도 했지요. 어떤 이들은 토마스(도마)나 필립보(빌립)와 같은 사도들이 썼다는 (하지만 실제 기원은 불분명한) 복음서를 유포했습니다. 이들은 예언서를 그리 중시하지 않거나 아무런 가치도 없는 책으로 취급했습니다. 다만 창세기에는 매력을 느꼈고 우의를 통해 영적인 의미나 상징을 해석할 수만 있다면 모세 오경도 받아들일 수 있다고 생각했습니다. 분명한 사실은 당시에는 성서가 무엇인지, 어떻게 해석해야 하는지 합의되어 있지 않았기 때문에 성서가 중재자나 법원의 역할을 할 수 없었다는 것입니다.

이러한 와중에 이레네우스는 성서에 호소했고 어떤 책이 권위가 있으며 전통이 이들을 어떻게 해석해야 한다고 이야기했는지를 주의 깊게 분별했습니다. 그는 이 전통이 사도들까지 올라간다고 보았으며 베드로부터 연속성이 있음을 보이기 위해 로마의 주교들을 나열했습니다. 이레네우스는 젊은 시절 소아시아에서 폴리카르푸스Polycarp와 교제하던 때를 언급하며 폴리카르푸스가 사도들을 알고 있었다고 말했습니다. 이 견고한 전통에 따라 이레네우스는 권위가 있는 책들이 무엇인지를 확신했고, 이 책들에서 일관되게 흐르는 메시지가 '신앙의 규칙' 또는 '진리의 척도'라 부른 것에 담겨 있다고 자신했습니다. 물려받은 유대 경전과 (당시 새롭게 등장한) 그리스도교 저술들은 모두 같은 하느님을 언급하고 있다고 그는 말했습니다. 이레네우스가 '구약'(옛 언약)과 '신약'(새 언약)이라는 표현을 쓸 때 경전들의 모음집을 가리킨 것 같지는 않습니다(머지않아 그런 뜻을 지니게 되지만 말이지요). 하지만 그는 이를 통해 옛 언약과 새 언약을 세우신 하느님은 한 분이며 창조주이시고 예언자들을 통해 당신의 섭리와 목적을 밝히셨다고 이야기했습니다. 이 세계는, 그리고 역사 가운데 펼쳐지는 일들은 모두 이 한 분 하느님의 일, 예수 그리스도 안에서 구원 활동을 성취하시고 종말이 올 때 이를 완성하실 분이 주관하시는 일로 이해해야 한다는 것이지요. 우리가 한 권의 성서로 알고 있는 다양한 책들은 '신앙의 규칙'과 같은 전통을 통해 내려오는 포괄적인 하느님 이야기를 참조할 때만 통일성을 지닐 수 있다고 이레네우스는 주장했습니다. 달리 말하면 성서는 오직 권위 있는 전통에 비추어 해석해야 한다는 것이지요.

이렇게 교회 조직은 영지주의와의 싸움을 통해 진리와 권위의 문제에 관심을 기울이게 되었습니다. 신약성서에는 이 세계를 하느님이 주관하는지 그렇지 않은지 불분명해 보이는 곳들이 있습니다. 요한 복음서에서는 예수가 "이 세상의 통치자"를 이겼으며 믿는 이들은 '이 세상 안에' 있지만, '이 세상에 속하'지는 않는다고 이야기합니다. 바울의 언어는 '육체'와 '영혼'의 이원론으로 해석될 여지가 있습니다. 그리고 바울계 문헌과 요한계 문헌이 묘사하는 그리스도는 (이 문헌들 모두 십자가에서 고난받았다고 이야기는 하나) 자신이 속하지 않은 세계를 방문한 신적 존재처럼 보일 수도 있습니다. 그리고 실제로 영지주의자들이 이런 방식으로 성서를 읽어내자 문제는 분명해졌습니다. '이 세계를 주관하는 분은 하느님인가 아닌가?' 이 물음은 진리에 관한 물음이기도 했고, 만물이 존재하는 방식에 관한 물음이기도 했습니다. 진리와 거짓 사이에는 타협이 있을 수 없습니다. 그렇다면 어떻게 해야 진리임을 단언할 수 있을까요? 신약성서에도 거짓 가르침을 경계하는 부분이 있습니다. 바울 서신들을 보면 권위를 두고 일어난 갈등들이 나오지요. 이후 서신들에서는 주로 사도들의 권위를 빌려 참된 가르침들을 보장하는 모습이 보입니다. 2세기에 들어서면서는 (관리자 혹은 감독을 뜻하는) 주교가 이 사도 전승을 이어받아 전달하는 사람으로 부각되기 시작했습니다. 예언자들과 순교자들도 권위를 지니고 있었지만 가르침의 측면에서 권위를 지닌 사람은 다른 누구보다 주교였습니다. 여러 그리스도교 밀의密儀 집단은 개인적으로 계시를 받은 사도들이 자신들에게 '비밀 지식'을 전해주었다고 주장하면서 일종의 엘리트주의를 표방했습니다. 그들은 평범한 신자들의 순진한 견해들을 조소하고 비판했지요. 이러한 상황은 교회의 권위를 확립하고 이와 양립할 수 없는 견해는 배제하도록 촉진했습니다. 초기 교회에서 일어난 이러한 갈등은 신경을 중시하는 그리스도교의 성향에 커다란 영향을 미쳤습니다. 신경들의 문구 선택에도 영향을 미쳤지요. 신경들은 모두 한 분 하느님이 창조주이고 (예수가 전한 가르침을 요약하기보다는) 예수 그리스도가 인간으로 태어나 죽었음을 강조합니다. 그리고 하느님의 전체 목적을 가리키고 이를 성취하도록 고무하는 성령을 언급하지요. 이제 이 세계, 하느님이 창조하셨고 그분에게 속한 이 세계에 있는 모든 것의 사실성이 중요한 문제가 되었습니다. 언젠가 한 학자는 그리스도교가 역사를 중시하는 '역사적 신앙'historical faith의 종교이며 이 점이야말로 그리스도교를 그리스도교답게 만든다고 이야기한 적이 있습니다. 초기 교회가 우리와 같은 식으로 '역사'에 대해 관심을 가졌는지는 의심스럽습니다만, 이러한 주장에는 일리가 있습니다. 분명 초기 교회는 하느님이 당신의 목적을 이루시는 무대인 이 세계, 하느님이 창조하셨고 구원하셨고 다시 창조하실 이 세계의 실재성에 관심을 기울였습니다.

'무로부터의 창조' 교리가 정확히 어떻게 생겼는지는 분명하지 않습니다. 그러나 이 교리 또한 영지주의와 벌인 투쟁의 영향을 직간접적으로 받은 듯합니다. 이 교리를 처음으로 이야기한 사람은 이레네우스보다 조금 앞선 시대의 인물인 안티오키아의 테오필루스Theophilus of Antioch입니다. '무로부터의 창조'라는 진술 자체는 이전에도 있었습니다. 다만 테오필루스 이전의 진술들은 그 함의가 무엇인지 정확히 파악하기 힘들 뿐이지요. 이 시기 이전까지 '무로부터의 창조'는 교회에서 당연한 것으로 받아들이던 교리가 아니었습니다.

2세기 중반 그리스도교 호교론자apologist였던 순교자 유스티누스Justin Martyr는 하느님이 선재하는 '질료'를 사용해 우주를 창조하셨다고 믿었습니다. 호교론자는 그리스-로마 문명이라는 넓은 세계에 그리스도교 신앙을 설명하고자 했던 저술가를 뜻합니다. 이 때문에 비록 문학적 허구이기는 하나 로마 황제에게 이야기하는 방식으로 글을 쓰곤 했지요. 호교론자들의 저술에서는 당시 지역 교회에서 벌이고 있던 영지주의자들과의 투쟁이 잘 드러나지 않습니다. 그들은 더 넓은 맥락을 염두에 두고 글을 썼기 때문이지요. 당시 그리스도교인들은 박해의 대상, 힘없는 소수였습니다. 많은 사람이 그리스도교를 위험한 미신으로 오해하고 비난했습니다. 본인을 철학자로 여겼던 유스티누스는 당시 교양층의 견해를 잘 알고 있었습니다. 그러나 그리스도교를 참된 철학으로 믿었고 결국은 믿음의 대가로 목숨을 잃기까지 했지요. 하지만 그의 저술에는 교회가 영지주의와 투쟁한 흔적이 보이지 않습니다. 유스티누스는 훨씬 더 중대한 문제들, 즉 예수를 메시아이자 예언을 성취한 인물로 보지 않은 철학, 이교, 유대인들이 제기한 문제들에 관심을 기울였기 때문입니다.

그는 만물의 기원을 탐구한 그리스인들을 계승했습니다. 그리스인들은 신화와 같은 이야기에서 철학 이론으로 사색의 방향을 바꾸어 갔습니다. 대다수 교양 있는 그리스인들은 우주, 혹은 우주의 근본 구성 요소가 영원하다고 생각했습니다. 그들이 던진 물음은 어떻게 사물들이 창조되었느냐가 아니라 왜 사물들이 지금의 상태로 있게 되었느냐, 그리고 그들이 어떻게 질서를 갖게 되었느냐는 것이었습니다. 스토아 철학자들은 우주의 근원 물질, 혹은 제1 원리는 불이며 이것이 물질 중 가장 특별하다고 생각했습니다. 그리고 불이 영적, 신적 실체인 로고스(말씀, 이성, 질서)로서 만물에 스며들어 질서를 부여한다고 보았지요. 그들은 만물이 우주의 불로 되돌아갔다가 다시 불에서 응축되어 나오는 거대한 순환이 섭리 아래 영원히 되풀이된다고 믿기도 했습니다.

한편, 에피쿠로스주의자들은 만물이 원자로 이루어져 있다고 믿었습니다. 그래서 존재하는 것은 순전히 우연의 산물이며 원자의 흐름만이 계속 이어진다고 보았지요. 여기서 원자들은 어떤 때는 서로 충돌하고 어떤 때는 잠시 결합했다가 그 후에는 다시 분열됩니다. 이러한 관점에서 죽음은 단순한 해체에 불과하므로 두려워할 필요가 없습니다. 사람들이 환시를 통해 신을 보는 경우가 있으므로 신들은 존재하지만, 그들에 대해 그리 걱정할 필요는 없다고 에피쿠로스주의자들은 말했습니다. 그들 역시 결국은 원자들로 이루어진 존재에 불과하기 때문이지요. 어딘가에서 완전하고 행복한 삶을 살기는 하겠지만, 신들은 우리에게 관심이 없으므로 우리 또한 그들에게 신경 쓸 필요가 없다고 에피쿠로스주의자들은 생각했습니다. 그래서 이들도 그리스도교인들처럼 무신론자라고 비난받았습니다. 에피쿠로스주의는 그리 각광 받는 이론은 아니었습니다. 하지만 이 사상은 당시 그리스-로마 문명권에서 우주의 근본 구성 요소가 시작도, 끝도 없이 영원하다고 보는 일종의 '안정 상태'steady state 관점이 보편적으로 통용되고 있었음을 보여 줍니다.

그리스 사상에서 가장 중요한 인물은 아무래도 플라톤이겠지요. 그 역시 어떻게 사물들이 시작되었는지에 대해서는 이야기하지 않았습니다. 다만 『티마이오스』Timaeus에서는 영원한 정신인 데미우르고스가 비물질인 영원한 이데아 혹은 형상에 따라 영원한 질료에 질서를 부여하면서 이 세계가 만들어졌다고 이야기했지요. 유스티누스 시대 플라톤주의자들의 상상력을 사로잡은 것은 사물이 어떻게 존재하는지를 이해하려는 플라톤의 다른 시도들이 아니라 바로 이 창조론이었습니다. 당시 사람들은 『파르메니데스』Parmenides에 나오는 궁극의 일자The ultimate One와 『국가』the Republic에 나오는 좋음Good을 신적 정신과 융합해 일종의 창조주 하느님으로 이해하는 경향이 있었습니다. 이러한 맥락에서 유대인과 초기 그리스도교 저술가들은 자신들의 사상과 플라톤 사상이 잘 맞는다고 생각했고 모세가 플라톤에게 사상의 영감을 주었다고 주장했습니다. 그리고 플라톤의 용어인 데미우르고스는 창조자를 가리키는 표준어가 되었지요. 그 결과 자연스럽게 플라톤의 데미우르고스가 선재하는 질료에 질서를 부여했듯, 창세기에 나오는 창조주 하느님도 질서를 부여했다는 이야기가 등장했습니다. 이에 따르면 땅은 형태가 없고 공허했습니다. 혼돈의 물은 하느님의 정신에 있는 영원한 이데아 혹은 형상에 따라 부여된 사물의 질서를 받아들이는 그릇이 되었습니다. 세계-영혼World-soul에 관한 여러 생각이 만물에 스며드는 신적 영 혹은 로고스(말씀)라는 스토아 학파의 관념에 비추어 해석되었고 그 결과 하느님을 초월자이면서도 내재하는 분으로, 섭리에 따라 만물에 질서를 부여하는 분으로 보는 세련된 견해가 등장했습니다. 알렉산드리아의 유대인 철학자 필론Philo은 그 대표적인 예라 할 수 있지요. 순교자 유스티누스도 이 개념을 자연스럽게 받아들였습니다.

하지만 유스티누스는 여기에 새로운 생각들을 덧붙였습니다. 창조주 하느님, 그분이 사용한 질료, 질료에 질서를 부여하는 이데아는 모두 영원할지 모르지만, 창조는 '무시간적'

인 것이 아니라고 그는 생각했습니다. 창세기를 문자 그대로 받아들이고 『티마이오스』에 나오는 플라톤의 신화 역시 문자 그대로 받아들이면서 유스티누스는 만물의 기원과 창조 활동에 대해 말했습니다. 또한, 그는 만물에 내재하는 하느님의 한 측면인 로고스를 일종의 중재자로 여겼습니다. 유스티누스가 보기에 초월자인 하느님은 로고스를 도구 삼아 만물을 창조하시며 만물에 스며들고 질서를 부여하고 계시하고 영감을 주고 구원하십니다. 예수로 성육신한 이는 바로 이 하느님의 선재하는 말씀이라고 그는 말했습니다. 이 부분에 대해서는 다음 장에서 좀 더 깊게 다룰 것입니다. 중요한 점은 유스티누스가 영원한 과정 대신 특정 창조 활동과 기원을 설정함으로써 당시 철학 전통과 결별했다는 것입니다. 그러나 그는 하느님이 세계를 '무로부터' 창조하셨다고는 제안하지 않았습니다. 너무 새로운 견해였기 때문일까요? 그렇지는 않은 것 같습니다. 이전에도 이러한 생각을 내비친 철학 학파들은 있었으니 말이지요. 그러나 만물이 '무로부터' 창조되었다는 말은 만물이 가짜, 비실재, 비실체라는 이야기일 수도 있다는 생각에 묵살되곤 했습니다. 유스티누스 같은 이도 이러한 함의를 받아들일 수 없었겠지요. 영지주의 가현설에 반대하는 모든 그리스도인도 마찬가지 생각이었을 것입니다. 그들은 세계가 본질적으로 악하다는 견해에 반대했듯 실재하지 않는다는 견해에도 반대할 수밖에 없었습니다. 그렇다면 이레네우스는 어떻게 이러한 생각을 채택할 수 있었을까요? 이레네우스처럼 영지주의를 비롯한 여러 이단에 맞서 싸웠던 북아프리카의 테르툴리아누스가 하나의 실마리일지도 모르겠습니다. 어느 플라톤주의 그리스도교인과 논쟁을 벌이며 그는 하느님이 자신으로부터 만물을 창조하셨다거나, 영원한 질료에서 만물을 창조하셨다는 견해를 모두 거부했습니다(헤르모게네스 논박Adversus Hermogenem). 그렇다면 남은 선택지는 무엇이 있을까요? 하느님은 무로부터 창조하셨다는 것이겠지요. 그렇다면 왜 테르툴리아누스는 다른 선택지들을 거부했을까요? 아마도 영지주의와의 투쟁 때문이었을 것입니다. 플라톤주의에서 영원한 질료는 다루기 힘든 수단이고 영지주의자들에게 질료는 가장 커다란 적이었습니다. 하느님과 더불어 존재하거나 심지어 하느님과 대비되는 제2의 원리가 되는 경향이 있었던 것이지요. 테르툴리아누스에게 이러한 이원론은 한 분 하느님이 만물의 유일한 원리, 시작, 기원이라는 믿음을 무너뜨리는 것처럼 보였습니다. 같은 맥락에서 이레네우스는 하느님에 대한 개념을 발전시켜 나갔습니다. 그는 하느님이 무한하며 자신이 포함되지 않으면서도 만물을 포괄하고, 그 힘과 선을 행사하는 데 어떠한 제약도 받지 않는다고 주장했습니다. 그리스 철학 전통에서는 형상이 없고 규정할 수 없다는 이유를 들어 '무한'infinity이라는 관념을 불신했습니다. 무한이란 형상이 없는 질료의 혼돈 때문에 생기는 것으로 보는 경향이 강했지요. 하지만 참 하느님 한 분의 완전한 주권을 주장하고 싶던 이레네우스는 자연스럽게 하느님이 무한하다고 말할 수 있었습니다. 이렇게 초기 그리스도교 사상가들은 점점 더 하느님의 유일성과 무한한 초월성을 강조했고 그만큼 하느님의 존재와 창조성을 제한하는 질료의 자리는 점점 더 사라져갔습니다. 하느님은 영원한 질료로부터 창조하시지 않았으며 자기 자신으로부터 창조하시지도 않았다는 생각이 힘을 얻었지요. 앞서 영지주의의 특징인 신성의 분열에 대해 이레네우스가 강하게 반발했다고 이야기한 바 있습니다. 만물이 신적 근원에서 유출되었다는 생각은 영지주의와 연관이 있었기에 그는 이를 결코 받아들일 수 없었습니다. 더구나 이 이야기는 자연이나 필연성에 신적 존재가 종속되는 듯한 인상을 주었습니다. 이러한 와중에 무로부터의 창조는 최선의 대안이었습니다. 다른 모든 존재의 피조성과 대비를 이루는 하느님의 권능과 위대함을 드러내는 가장 좋은 방법이었지요.

이처럼 '무로부터의 창조'의 중요성은 하느님과 관련이 있습니다. 하느님이 무로부터 창조하셨다는 이야기는 헬레니즘 시기 유대 문헌들에서 처음 등장했습니다. 여기서는 주로 창조주에게 영광을 돌리거나("당신의 말씀으로 당신은 존재하지 않은 것을 생명으로 부르십니다"(바룩2서 48:8)) 무에서도 창조할 수 있는 능력을 지니신 하느님을 신뢰하라고 순교자들을 격려합니다("하늘과 땅을 바라보아라. 그리고 그 안에 있는 모든 것을 살펴라. 하느님께서 무엇인가를 가지고 이 모든 것을 만들었다고 생각하지 말아라"(2마카 7:28)). 이러한 본문들도 당시 철학자들이 생각하듯 이 세계가 가짜라고 이야기하는 것일까요? 혹자는 묵시 문헌과 초기 순교 문헌이 죽음을 대수롭지 않은 것으로 여기도록 만들기 위해 세계의 비실재성을 암묵적으로 전했다고 생각합니다. 하지만 이러한 의혹은 이 문헌들이 창조주 하느님의 고유한 힘을 강조하는 데 집중한다는 사실을 간과한 것입니다. 그리스도교 저술가 헤르마스Hermas는 말했습니다.

> 먼저 여러분은 한 분 하느님이 계시고 우주를 창조하고 조직하셨으며 우주를 무에서 존재로 이끄셨음을 믿어야 합니다.

이러한 확언은 창조주 하느님과 모든 피조물의 질적 차이를 강조한 성서의 견해가 자연스럽게 발전한 것으로 볼 수 있습니다.

> 내 생각은 너희 생각과 같지 않다. 나의 길은 너희 길과 같지 않다. (이사 55:8)

결국 이 전통은 인간 영혼이 영원하다거나 어떤 의미에서는 신적이라는 것을 명백히 부인하는 데 이릅니다. 또한, 하느님의 모든 피조물은 본질적으로 우연적임을 강조하지요. 하느님만이 스스로 존재하며 피조물은 본성이나 필연에서 비롯된 것이 아니라 하느님의 뜻에 따른 활동으로 인해 존재하기 때문입니다. 지금까지 언급한 선례들을 바탕으로 이레네우스와 그의 동시대 그리스도교인들은 '무로부터의 창조' 이론을 채택했으며 기원과 관련한 철학적 질문이 중요시되던 상황에서 이 이론을 스스럼없이 사용했습니다. 전체 의도를 헤아린다면 이레네우스의 주장이 세계가 무로부터 창조되었기에 가짜이고 실재성을 결여하고 있음을 암시한다고 비난할 수는 없습니다. 그가 쓴 저술들은 모두 근본적으로 물질세계가 선한 창조주의 선한 작품임을 변호하는 데 있기 때문입니다. 영지주의와 투쟁하는 가운데 자극을 받아 이루어졌지만, 결과적으로 무로부터의 창조 이론은 고대 세계의 다른 모든 철학과 그리스도교를 구별할 수 있게 해주었습니다. 이는 그리스도교인들이 자신들이 속한 사회의 문화적 규범을 받아들이지 않고 저항했던 수많은 사례 중 하나라 할 수 있습니다. 물론 초기 그리스도교인들이 위와 같은 방식으로 문제들을 탐구한 것은 그들이 속한 문화가 그렇게 하도록 그들을 몰아세웠기 때문이지만 말이지요. 또한, 유스티누스의 사례는 경로가 달라질 수도 있었음을 보여줍니다.

그럼에도 불구하고, 이레네우스와 테르툴리아누스 시대 이후 무로부터의 창조 이론은 교리로 확립되었고 이를 바탕으로 그리스도교 사상가들은 경쟁하는 철학 이론들에 대항하며 논의를 펴나갔습니다. 그리고 4세기를 대표하는 신학자인 알렉산드리아의 아타나시우스Athanasius of Alexandria를 통해 무로부터의 창조 교리는 중요한 발전을 이루었습니다. 그는 무로부터의 창조가 인간이 처한 곤경을 설명해 준다고 생각했습니다. 그에 따르면 하느님은 인류에게 당신의 형상과 신적 로고스인 자신의 생명과 이성을 주기로 하셨습니다. 그러나 인간은 하느님의 계명에 불순종함으로써 로고스를 상실했고 그 결과 자신이 나왔던 무로 되돌아가고 있었습니다. 이성으로서 로고스의 상실은 무지를 뜻했고 생명으로서 로고스의 상실은 죽음을 뜻했습니다. 이렇게 인류는 멸망의 길에 접어들었고 몰락의 징후를 보였습니다. 필멸성Mortality은 죄의 끔찍한 결과였습니다. 이 곤경에서 인류를 구원하기 위해 예수 그리스도께서 오셨습니다. 구원은 성육신을 통해 로고스를 인간 본성에 다시 부여함으로써 이루어졌습니다. 이러한 맥락에서 성육신은 재창조라 할 수 있습니다. 개별 인간들은 아담에 참여함으로써 필멸할 운명이었지만 그리스도에 참여함으로써, 로고스를 받은 새로운 인간인 '하느님의 아들'과 한 몸을 이룸으로써 하느님의 '자녀들'로 입양되어 불멸할 수 있게 되었습니다. "우리가 하느님이 될 수 있도록 그분은 인간이 되셨습니다"(성육신에 관하여De Incarnatione 54)라는 아타나시우스의 말에서 우리는 "우리가 그분과 같이 될 수 있도록 그분은 우리와 같은 존재가 되셨다"(이단 논박Adversus Haereses V. 서문)는 이레네우스의 목소리를 들을 수 있습니다. 이렇게 이들은 하느님이 무로부터 만물을 창조하셨다는 진술을 통해 창조의 근본적인 성격을 교리로 명시했습니다. 그리고 이 교리가 확고하게 자리 잡게 됨으로써 하느님의 창조성은 구원을 이해하는 핵심 신학 개념이 되었습니다.

또한, 이 교리는 예배하고 공경해야 할 대상은 피조물이 아니라 피조물의 창조주라는 그리스도교의 주장을 강화했습니다. 그래서 4세기 위대한 카파도키아 교부 중 한 사람인 카이사리아의 바실리우스Basil of Caesarea는 창세기 첫 장들에 대해 설교하면서 당시 우주에 관한 모든 철학 이론을 반대하는 반면 아리스토텔레스 같은 고대 '과학자들'이 수집한 자연 세계에 관한 지식과 지혜를 활용해 창조의 경이로움을 찬미하고 하느님의 영광을 드높일 수 있었지요. 이와 유사하게 그의 형제인 니사의 그레고리우스Gregory of Nyssa, 그리고 에메사의 네메시우스Nemesius of Emesa 같은 그리스도교 저술가들은 갈레노스Galen의 해부학 이론을 포용하고 인간을 몸와 영혼의 합성체로 보는 당시의 인간 이해를 별다른 의심 없이 받아들이고 인간의 지각과 감정의 상호작용을 탐구했습니다. 그러나 동시에 이들은 인간을 하느님의 영광을 위해 창조된 피조물로 보는 급진적인 인간 이해를 바탕으로 논의를 새롭게 전개했지요. 한 분 하느님이 우주를 창조하기로 선택하시고 창조 활동을 통해 자신의 뜻을 표현하신다는 그리스도교의 주장 덕분에 윤리와 신적 섭리에 대한 철학의 관심은 새로운 차원으로 이동했습니다. 또 다른 위대한 카파도키아인이자 바실리우스와 니사의 그레고리우스의 친구였던

나지안주스의 그레고리우스Gregory of Nazianzus는 그들 모두가 이해한 바를 이렇게 설명했습니다.

> 하느님의 본질은 헤아릴 수 없다. 그러나 그분의 존재와 속성들은 그분의 활동을 통해 알 수 있다. 창조주께서는 부분적으로 피조물에 당신을 계시하신다.

그리하여 하느님이 다른 무엇과도 같지 않다는 '부정의 길'이 등장했으며 창조에 대한 관상은 영성의 한 방식이 되었습니다.

부정의 길에서는 하느님이 보이지 않으시고, 온전히 표현할 수 없으며, 무형이시며, 불변하시고, 나뉘지 않으시며, 고난받지 않으시고, 무한하시며, 불가해하시고, 피조 세계의 일부가 아닌 전적 타자이시며, 만물 중 하나가 아니라 만물의 근원이심을 강조합니다. 이 방식은 매우 중요한 의미를 갖습니다. 이를 바탕으로 초기 그리스도교 공동체들은 자신을 둘러싸고 있던 자연 숭배에 가까운 이교들, 말하자면 대중 종교와 신화의 다신론, 우상 숭배, 엉성한 신인동형론을 무너뜨렸기 때문입니다. 물론 창조 교리는 하느님의 선한 작품으로서 피조물, 피조 세계를 온당하게 평가하도록 도울 수 있지만, 동시에 피조물, 피조 세계를 비신비화하면서 그 가치를 깎아내리게 할 수도 있습니다. 실제로 그리스도교가 승리를 거두자 어떤 수도사들은 나무를 마구 베어내면서 우상숭배 반대 운동을 매우 폭력적인 방식으로 벌였고, 금욕주의 운동은 인생에서 즐거움을 누리는 것, 육체, 성행위, 아름다움의 가치를 비하하곤 했습니다. 어떤 면에서, 그리스도교 역사는 세계와 그 가치를 부정하는 영지주의 성향이 완전히 사라지지 않았음을 보여줍니다. 영과 육체의 싸움은 계속되었지요. 하지만 영지주의와 투쟁하는 과정에서 나온 교리는 이 싸움 가운데 육이 영에게 완전히 압도당하지 않게 해주었습니다. 교회는 극단적인 금욕주의자들을 파문했습니다. 위대한 설교자 요한 크리소스토무스John Chrysostom는 금욕주의에 헌신했지만 결혼의 선함을 이야기했으며, 광야에서 수행을 하는 것이나 도시에서 그리스도인으로 사는 것이나 똑같이 가치가 있다고 말했습니다. 거룩함holiness와 완전함perfection은 어떠한 상황에 있든 모든 그리스도교인의 이상이었던 것이지요. 역사에서 실제로 이러한 균형이 유지된 적은 결코 없었는지도 모릅니다. 그러나 신경 첫째 조항은 그 원칙을 잘 간직하고 있습니다.

우리는 하늘과 땅의 창조주이신 한 분 하느님을 믿습니다.

그러므로 그리스도교인은 피조물을 숭배하지 않습니다. 하지만 동시에 이 세계와 이 세계의 피조물들은 선하며 창조주와 관련된 무언가를 드러냄을 잊지 않습니다. 우리는 이 세계와 피조물들을 경이롭게 여겨야 하며 감사해야 한다고 그리스도교 신앙은 이야기합니다. 이러한 태도는 깊은 영성을 조성했을 뿐 아니라, 경험에 바탕을 둔 연구에 영감을 주기도 했습니다. 18세기 『셀본의 자연사』The Natural History of Selborne를 쓴 성직자 길버트 화이트Gilbert White가 그 대표적인 예입니다. 그는 최초로 현지 조사를 통해 정밀한 관찰을 한 행동 과학의 선구자였습니다. 영지주의를 제거하지 않았다면 그리스도교는 일종의 신비주의, 혹은 도피주의가 되었을 것이고 순전히 이 세계가 아닌 '다른 세계'에만 골몰하는, 현실과 무관한 소종파들로 분열되었을 것입니다. 그리스도교 세계도, 그리스도교 문명도 없었겠지요. 영지주의의 도전이라는 맥락을 고려할 때 실재, 현실, 진리에 관한 그리스도교의 자기-정의self-definition는 불가피했습니다. 이를 바탕으로 그리스도교인들은 다음 세계뿐만 아니라 이 세계에도 관심을 갖고 헌신하게 되었습니다.

III
한 분 하느님
그리고 한 분 주님이신 예수 그리스도

이 사람들이 다른 신을 예배하지 않고 한 신만을 숭배한다면 다른 사람들에 맞서 적절한 주장을 펼칠 수 있었을 것이다. 그러나 그들은 최근 나타난 한 사람을 지나칠 정도로 숭배한다. 게다가 그들은 이 신의 종을 숭배하더라도 유일신론과 모순을 일으키지 않는다고 생각한다. (켈수스 반박Contra Celsum VIII. 12)

이 글을 쓴 사람은 이교도인 켈수스Celsus입니다. 그리스도교를 반박하는 글을 처음으로 쓴 사람이었지요. 오늘날 그의 저작은 남아 있지 않지만, 그럼에도 그가 무슨 말을 했는지 알 수는 있습니다. 켈수스가 활동하던 시기부터 대략 한 세대 이후 최초의 위대한 그리스도교 학자인 오리게네스가 켈수스의 주장들을 인용하며 하나씩 반박했기 때문이지요. 당시 지역 사회와 제국에서 행하던 전통적인 제의 축제에 참여하기를 거부하는 그리스도교인들의 모습에 켈수스로 대표되는 교양층은 불쾌함을 느꼈습니다. 켈수스는 당시 가장 존경받는 철학자들이었던 중기 플라톤주의자들, 스토아 철학자들처럼 단 하나의 궁극적인 신적 존재가 있다는 그리스도교인들의 주장에는 기꺼이 동의했습니다. 그러나 당시 대다수 사람은 이 최고신이 많은 하급신, 신령들에게 일상의 운영을 맡겼고 따라서 국가의 안전과 번영을 보장받기 위해서는 이들의 호의를 사야 한다고 생각했습니다. 그렇기에 기본적으로 전통적인 종교 관습은 따르면서 더 정교한 철학의 틀을 채택하는 것이 올바른 태도라 여겼지요. 그런데 왜 그리스도교인들은 대다수 사람처럼 행동하지 못했을까요? 모든 종교는 결국 한 종교의 변형이 아닌가요? 물론 켈수스는 답을 알고 있었습니다. 그리스도교인들은 한 분 하느님만을 섬겨야 한다고 주장하면서 유대인들의 배타성을 받아들였기 때문이지요. 그러나 그들은 유대인이 아니었습니다. 게다가 그리스도를 신으로 모시는 의심스러운 모습을 보였지요. 켈수스가 보기에 그리스도교인들은 유일신을 믿지 않았습니다. 켈수스 같은 외부인들을 향한 변증, 그들과의 논쟁이라는 맥락에서 그리스도교 사상가들은 외부인들도 납득할 만한 논리적 답변을 찾기 시작했습니다. 그리스도교인들은 다양한 민족이 섬기는 '신들'과 '주님들'lords을 섬기기를 거부하고, 그렇다고 두 신을 섬기지도 않으면서 한 분 하느님과 한 분 주님을 섬긴다고 선포할 수 있는 것일까요? 유대 신앙을 배경으로 하고 있었음에도 불구하고 (고린토인들에게 보낸 첫째 편지 8장에서는 이와 관련해 어느 정도 암시를 하는 듯합니다만) 바울이나 초기 그리스도교인들에게 이는 큰 문제가 되지 않은 것 같습니다. 유일신론을 유대교의 특징으로 알고 있는 우리에게 이는 매우 놀라워 보입니다. 그러나 유대인들의 하느님은 언제나 자신의 종, 예언자, 왕, 천사들을 통해 자신의 뜻을 밝히고 자신의 말씀을 선포하게 하셨습니다. 즉 하느님은 그들을 자신의 '자녀'로 삼으셨습니다. 그렇기에 하느님의 초자연적 대리인으로서 세상 끝날에 역사할 메시아라는 관념은 특별하지만 아주 별난 생각은 아니었습니다. 예수 그리스도가 계시한 분은 아브라함과 이삭과 야곱의 하느님이었습니다. 바울은 하느님이 세상에 보내시고 죽은 이들 가운데서 살려내신 아들이 커다란 영광을 지녔으며 그가 아브라함의 하느님을 계시했음은 결코 의심할 수 없다고 생각했습니다. 하느님이 그에게 자신의 모든 능력을 위임하셨기 때문에 그는 천사들보다 높은 존재였습니다. 그러므로 바울에게 그리스도를 기리는 것은 곧 하느님을 기리는 것이었습니다. 이러한 모습은 신약성서 저자들에게는 하느님과 예수 그리스도 모두에게 예배하는 것이 별다른 문제가 되지 않았음을 알려 줍니다. 그러나 머지않아 이는 문젯거리가 되었습니다.

고대 세계의 진지한 사상가들은 유일신론과 높은 수준의 윤리를 고수하는 유대인들을 존중했습니다. 초기 그리스도교인들은 이 점을 활용해 회당 주변을 돌아다니며 하느님을 경외하는 이들을 상대로 선교 활동을 벌였지요. 다신교, 우상숭배와 마주해 그들은 참된 한 분 하느님의 계시, 그리고 그분이 요구하는 삶의 방식이 예수 그리스도의 삶과 가르침을 통해 완성되고 보편화되었다고 주장했습니다. 그러한 방식으로 그리스도교는 죽음 이후의 삶에 대한 확신과 함께 유일신론과 높은 도덕을 제시했습니다. 그러므로 그리스도교를 반대한 사람은 말할 것도 없고 탐구자들, 의심하는 이들이 하느님과 예수 그리스도의 관계, 예수 그리스도의 위상에 의구심을 가진 것은 그리 놀라운 일은 아닙니다.

이와 관련된 최초의 이론을 제시한 이들은 2세기 그리스도교 신앙의 옹호자였던 호교론자들이었습니다. 이들은 당시 권력자들에게 그리스도교 신앙을 이해하고 인정해 줄 것을 요청하는 글을 쓰면서 시중에 퍼져 있던 비방에 응답했습니다. 그중 대표적인 인물이 앞서 언급했던 순교자 유스티누스입니다. 많은 측면에서 그는 이 시기 가장 중요한 그리스도교 저술가라 할 수 있습니다. 흥미로운 사실은 유스티누스는 이교도 켈수스와 동시대인이라는 것입니다. 그는 사마리아 태생으로, 그리스계 집안, 아니라면 적어도 헬라화된 집안에서 태어났습니다. 유스티누스는 여러 철학 학파를 돌아다녔고 결국 그리스도교 신앙에서 진리를 발견했습니다. 그리고 철학 교사를 자처하며 로마에 갔고 165년경 순교했지요. 현재 남아있는 그의 저술에는 황제에게 보낸 두 편의 호교론과 예언들의 의미에 관해 한 유대인과 논쟁한 『유대인 트리폰과의 대화』Dialogus cum Tryphone Iudaeo 등이 있습니다. 유스티누스에게 그리스도교는 유대교뿐만 아니라 모든 철학의 완성이었습니다. 그와 호교론자들은 당시 철학 언어와 이론을 활용해 예수 그리스도가 어떻게 한 분이신 참 하느님의 계시인지를 설명했지요. 스토아 학파는 합리적인 담화를 분석하면서 한 사람의 정신 안에 있는 로고스, 즉 이성과 입 밖으로 나오는 로고스, 즉 말을 구별했습니다. 또한, 개인의 로고스는 만물에 스며들어 있는 신적 이성, 혹은 신적 질서인 우주적 로고스와 관계를 맺고 있다고 보았지요. 유스티누스는 이런 생각들을 그리스도교에 적용했습니다. 그에게 한 분 참 하느님은 초월자였습니다. 그렇기에 스토아 학파의 범신론을 지지할 수는 없었지요. 플라톤은 영원한 정신이 영원한 이데아 혹은 형상을 따라 질료에 형태를 부여했다고 제안했고 플라톤주의자는 이를 초월적 신이라는 개념으로 발전시켰습니다. 이 영향 아래 유스티누스는 하느님은 언제나 자신의 로고스, 혹은 이성을 갖고 있었으며 창조를 하시며 이 로고스(말씀)를 드러내셨다고 말했습니다. 창세기에 따르면 하느님은 당신의 뜻을 이루시기 위해 말씀하시기만 하면 되기 때문입니다. 이러한 방식으로 그는 요한 복음서 1장, 그리고 잠언 8장 같은 지혜에 관한 여러 성서 구절들을 설명했습니다. 유스티누스는 로고스, 즉 말씀은 태초에 하느님과 함께 계셨으며 그분 역시 참 하느님이라고 말했습니다. 이 로고스는 하느님의 독생자임과 동시에 하느님이 우주를 창조하실 때 쓰셨던 도구, 그리고 하느님과 함께 만물을 빚어내고 존재하는 만물에 스며들어 있는, 그리고 만물에 질서를 부여하는 지혜였습니다. 예언자들, 소크라테스를 비롯한 참된 진리의 스승들에게 진리의 영감을 준 이도 바로 이 말씀이었지요. 그리고 이 말씀은 예수 그리스도로 성육신해 하늘과 땅의 창조주인 한 분 하느님의 진리를 온전히, 그리고 궁극적으로 드러냈다고 그는 말했습니다.

이러한 로고스 신학Logos-theology은 예수가 어떻게 이교 신화에 나오는 신들의 자녀들과는 다른 하느님의 독특한 아들인지, 한 분 하느님과 하나이면서 동시에 구별되는지를 합리적으로 설명했습니다. 유스티누스는 이에 대한 확실한 증거는 예수가 예언을 성취했다는 사실이라고 보았습니다. 그는 예수가 기적을 행한 이야기로는 아무것도 증명하지 못함을 알았습니다. 고대 세계에서 기적을 일으키는 이는 예수 말고도 많았기 때문이지요. 하지만 예언은 달랐습니다. 고대 세계는 예언과 그 해석에 커다란 관심을 기울였습니다. 당시 장군들은 점을 보지 않고서는 전투를 하려 하지 않았고 정부는 신탁을 참조해 정책의 시행 여부를 결정했습니다. 그래서 유스티누스는 유대 경전들의 신탁과 예언들을 모아 이를 예수 그리스도가 어떻게 성취했는지를 보여 주었습니다. 예언이 성취되었으니 예언은 사실이며 그리스도는 그 성취임을 증명한다고 그는 생각했지요. 이 논증의 중요성을 고려하면, 유대인들이 그리스도교인들의 성서 해석에 동의하지 않는 문제를 해결하기 위해 유스티누스가 애썼다는 게 그리 놀라운 일이 아닙니다. 이를 다루며 그는 신약성서, 아마도 예수의 가르침을 바탕으로 성서 해석 방법을 발전시켰습니다. 초기 그리스도교인들이 예수가 그리스도라고 주장한 이유는 그가 당시 널리 퍼져 있던 메시아에 대한 기대를 성취했기 때문이었습니다. 그들은 히브리 경전의 예언들에서 발전한 다양한 희망과 기대를 예수가 이루었다고 보았고 이를 반영해 그에게 다양한 호칭을 붙였습니다. 이는 복음서와 다른 신약성서 기록들에서 찾아볼 수 있지요. 머지않아 히브리 경전을 들여다보면서 '증거들'을 수집하는 과정이 확립되었습니다. 그리고 승리를 강조하는 예언은 하느님의 종이 겪을 고통과 죽음을 암시하는 구절들에 비추어 수정되었습니다. 유스티누스는 이 모든 것을 물려받았고, 더 나아가 유대인들의 전체 경전이 실제로는 그리스도를 말하고 있다는 그리스도교의 원리를 확립하는 과정에 기여했습니다. 당시 그리스도교인들은 우의와 상징을 활용해 자신들이 중시하는 사건들과 연결하는 방식으로 여러 본문을 해석하곤 했습니다. 그 결과 '많은 이름'을 지닌 한 인물이 나왔지요. 그는 하느님의 섭리를 따라 준비되고 지상으로 파견된 사절emissary이었습니다. 로고스 신학은 이 모든 해석을 엮어 독특한 계시자의 선재와 신성을 설명하는 일관된 이론으로 만들었습니다. 다른 호교론자들도 이와 유사한 길을 걸었습니다. 어떤 이들은 유스티누스보다 더 분명하게 스토아 학파의 용어를 사용했지요. 어떤 측면에서 이는 유대인 철학자인 필론이 예비했다고도 볼 수 있습니다. 그는 초월자인 하느님의 내재성을 해명하기 위해 로고스 개념을 발전시켰지요. 이러한 이론이 발전함에 따라 교회는 영지주의자들이 애용한다는 이유로 의혹의 대상이 되었던 문헌인 요한 복음서를 적극적으로 받아들이고 활용할 수 있게 되었습니다. 그리고 이러한 흐름 가운데 요한 복음서는 그리스도교 교리 형성 과정에 점점 더 중요한 비중을 차지하게 되었지요. 요한 복음서의 서론은 그리스도의 선재와 신성을 분명히 밝히고 있는 것처럼 보였기 때문입니다. 이런 최초의 이론화 시도들에 반응하고 이를 확장하는 과정에서 하느님과 예수가 관계하는 방식에 대한 생각들이 발전했습니다.

유스티누스는 경전들이 '성령'의 영감을 받았다는 점을 중시했습니다. 그러나 어떤 의미에서 로고스 교리는 초월자인 하느님과 그분의 내재적 활동을 연결했기에 영감의 다른 원천이 존재할 여지를 거의 남겨두지 않았지요. 이레네우스는 말씀과 성령을 하느님의 두 손으로 보고 그분이 둘을 모두 도구로 사용하셨다고 말함으로써 이 문제를 해결했습니다. 하지만 이레네우스, 테르툴리아누스는 로고스 신학의 접근 방식에 실질적인 진전을 이루지는 못했습니다. 당시 몇몇 그리스도교 사상가들은 영원의 차원에서 말씀과 성령을 갖고 계신 한 분 하느님이 창조와 섭리를 위해 말씀을 낳고 성령을 내쉬면서 삼위일체가 '되셨다'고 이야기했습니다. 이는 종종 경륜적 삼위일체Economic Trinitarianism라고 불리지요('살림'을 뜻하는 그리스어 오이코노미아oikonomia는 초기 그리스도교 신학에서 하느님이 당신의 목적을 이루시는 방식, 구체적으로는 그분이 섭리를 바탕으로 세계와 만물에 질서를 부여하는 활동, 특히 성육신을 가리키는 용어로 쓰였습니다). 훗날 이는 부적절한 이야기임이 밝혀졌고 하느님은 영원히 그리고 본질적으로 삼위일체여야 한다는 주장이 나왔지만, 이것이 교리로 확립되기까지는 더 많은 논의가 이루어져야 했습니다.

로고스 신학은 그리스도교 신앙의 변증을 위해 태어났지만 그 후에는 그리스도교인들이 교리 가운데 불만족스럽다고 생각한 측면들을 두고 일어난 교회 내부 논쟁을 통해 발전했습니다. 논쟁이 일어날 때마다 어느 한쪽은 패하기 마련이었고 패자들은 이단 취급을 받으며 교회에서 쫓겨났지요. 시간이 흐르며 교회는 그리스도교 진리를 더 세세히 규정했고 열린 탐구를 위한 여백은 점점 더 사라졌습니다. 이것이 그리스도교 진리에 대한 이해를 다듬기 위해 반드시 필요한 과정이었는지, 아니면 영지주의와의 초기 투쟁이 낳은 불행한 유산에 불과한지는 계속 마음속으로 물어보아야 할 질문입니다.

2세기 말, 빅토르Victor가 교황이었을 때 구두 수선공 테오도투스Theodotus the Cobbler가 로마에 나타났습니다. 기록에 따르면 그는 그리스도가 그저 한 인간이었다고 주장했고 빅토르는 이런 그를 파문했지요. 그러나 이에 어느 정도 동요한 사람들이 있었고 테오도투스는 또 다른 (은행가) 테오도투스를 포함한 제자들과 추종자들을 얻었습니다. 이들은 예수에 대한 그리스도교인들의 주장이 유일신론을 위협한다고 여긴 것 같습니다. 그래서 예수는 하느님의 양자가 될 정도로 완벽한 사람이었다고 제안했지요(그래서 이들을 양자론자Adoptionist라고 부르며 교과서에서는 이 이단을 권능 중심의 군주론 Dynamic Monarchianism이라고 부릅니다).

유일신론의 문제로 고민했던 신자들은 그들뿐만이 아니었습니다. 기원후 200년경 스미르나의 노에투스Noetus of Smyrna는 그리스도는 성부 본인이었다고, 성부가 몸소 태어나고 고난받고 죽었다고 이야기했습니다. 그는 로고스 신학을 두고도 사실상 이신론二神論, Ditheism이라며 받아들이기를 거부하던 로마 교회에 오랜 시간 혼란을 일으켰습니다. 노에투스의 제안은 양태론적 군주론Modalistic Monarchianism이라고 불리는데 양태론적 군주론 안에서도 미묘하게 다른 여러 이론이 있었던 것으로 보이며 어떤 이론은 다른 이론보다 더 정교했습니다. 이 학파에서 가장 악명을 떨쳤던 이는 사벨리우스Sabellius였습니다. 이들과 관련해 우리가 갖고 있는 정보는 대부분 이들에게 적대적이었던 대립교황 히폴리투스anti-Pope Hippolytus의 저술에 담겨 있습니다. 그는 빅토르의 후임자들이었던 제피리누스Zephyrinus와 칼리스투스Callistus도 이 이단에 감염되었다고 주장했지요. 그는 제피리누스가 이렇게 말했다고 기록했습니다.

> 나는 예수 그리스도인 한 분 하느님을 안다. 나는 그분 이외에, 태어나시고 고난을 받으신 다른 분을 알지 못한다.

물론 히폴리투스는 제피리누스가 다른 곳에서는 "아버지가 아니라 아들이 죽었다"고 말했으며 이와 관련해 입장이 왔다 갔다 한다는 점을 알고 있었습니다. 그는 칼리스투스가 교황으로서 사벨리우스를 파문했다고 기록하기도 했지요.

하지만 그가 히폴리투스 자신과 동료들을 이신론자로 공격하는 모습을 보면 근본적으로 사벨리우스와 다른 견해를 갖고 있는 것은 아니라고 생각했습니다. 아마도 칼리스투스는 타협안을 제시하려 했던 것으로 보입니다. 히폴리투스에 따르면 그는 로고스가 아들이자 아버지이며 하느님은 나눌 수 없는 하나의 영이라고 주장했습니다. 분명 칼리스투스는 하느님의 이성과 말씀이 분리되는 것에 저항했습니다. 그가 보기에 아버지와 아들은 서로 구별되는 위격들이 아니며 하나이고 같은 존재였습니다. 만물은 성령으로 충만하며 이 성령도 아버지와 다르지 않았습니다. 칼리스투스에게 하느님은 한 분이지 둘이 아니었습니다. 그렇기에 그는 아버지께서 육체를 취하여 자기 자신이 되시고, 육체를 신성으로 고양시켜 자기 자신과 하나 되게 하셨다고 이야기했습니다. 이런 식으로 칼리스투스는 로고스 신학이 신성의 분열로 귀결될 것이라는 군주론자들의 염려를 잠재우면서도 성부가 고난받으셨다는 말은 피했습니다.

완고한 유일신론을 내세우는 이들을 향한 가장 설득력 있는 비판은 이들이 사실상 성부수난설Patripassianism을 지지한다는 것이었습니다. 그들의 가르침은 초월자인 하느님이 변화할 수 있으며 고난받을 수 있음을 함축하고 있습니다. 그래서 이들은 하느님이 아버지, 아들, 성령이라는 다양한 양태mode로 나타난다고, 성육신하고 고난받고 죽은 이는 하느님 한 분이라고 말했습니다. 이러한 가르침에 맞서 테르툴리아누스는 『프락세아스 논박』Adversus Praxean이라는 글을 썼습니다. 여기서 프락세아스가 누구인지는 확실치 않습니다. 아마도 로마에 있는 이단자들의 제자 가운데 북아프리카에 살았던 사람으로 보이지만, 프락세아스가 '참견자'를 뜻하기 때문에 테르툴리아누스가 로마 주교를 상대로 글을 쓴다는 사실을 감추기 위해 쓴 가명일 가능성도 있습니다. 그는 하느님이 변화하거나 고난받을 수 있다는 생각은 경멸해 마땅하다고 생각했습니다. 테르툴리아누스에 따르면 초월자인 하느님은 보이지 않습니다. 인간은 하느님에게서 나오는 로고스를 통해서만 그분을 볼 수 있습니다. 이때 로고스는 초월자를 매개할 수 있는 파생물, 태양에서 나오는 광선과 같습니다. 로고스가 없는 하느님은 마음대로 형태를 바꿀 수 있는 프로테우스와 같은 신화 속 인물로 전락해 버리고 만다고 테르툴리아누스는 생각했습니다. 그리고 그리스도가 성육신한 성부라면, 그리스도는 누구를 향해 기도했느냐고, 세계를 주관하는 그분이 없다면 어떻게 세계가 계속 운행될 수 있겠느냐고 반문했습니다. 그에 따르면, 군주론자들은 군주로서 하느님의 단일주권Monarchy을 지나치게 중시했습니다. 하지만 이들의 생각과 달리 황제는 단일주권을 분할하지 않고도 주권을 아들과 나눌 수 있습니다. 교회는 성서의 다양한 구절들을 증거 삼아 양태론적 관점을 이교적 사유로 거부했습니다. 그 결과 이러한 사유는 이를 반대한 이들의 저술들에만 남아 있지요. 그렇기에 군주론자들에 관해 제기된 일부 주장은 불공정해 보이지만 이 사안에 대해 정확한 판단을 내리기란 결코 쉬운 일이 아닙니다. 저는 이른바 군주론자들이 단순히 '군주로서 하느님의 주권'만을 이야기했다고는 생각하지 않습니다. 그리스어 '모나르키아'monarchia는 단일한 제1 원리를 뜻하기도 하기 때문이지요. 분명 쟁점은 유일신론이었습니다. 이러한 맥락에서 칼리스투스 같은 사람들이 단일한 신적 영Divine Spirit이라는 개념을 썼다는 점은 흥미롭습니다. 20세기에도 단일 오순절파Oneness Pentecostalism는 '군주론'과 같은 반反삼위일체 신학을 채택하고 이를 뒷받침하는 다양한 성서 구절을 찾아 주장한 바 있기 때문이지요. 앞에서 언급했듯 군주론은 로마에서 상당한 호응을 얻었습니다. 실제로 서방 교회는 동방 교회와 달리 삼위일체를 이해할 때 언제나 하느님의 단일성에 초점을 맞추었고 삼신론의 경향을 거부했지요. 이러한 차이는 260년대 로마의 주교 디오니시우스Dionysius와 알렉산드리아의 주교 디오니시우스의 논쟁으로 극명하게 드러났습니다. 사벨리우스파를 매우 적대했던 알렉산드리아의 디오니시우스는 이와 관련된 불만 사항을 로마에 보냈습니다. 이에 로마의 디오니시우스는 주교 회의의 지지를 받아 알렉산드리아 교회에 서신을 보냈지요. 서신에서 그는 하느님의 단일성을 확언하는 동시에 세 실체로 나뉠 수 있다는 견해에 반대했습니다. 물론 성부와 성자가 같다는 사벨리우스파의 견해가 신성모독이라는 점에는 동의했지요. 성부, 성자, 성령은 세계를 주관하는 한 분 하느님을 가리키지, 세 '기원들' 혹은 '제1 원리들'을 뜻하지 않는다고 본 것입니다. 로마의 디오니시우스가 더 강하게 반대한 것은 어떠한 식으로든 성자가 하느님의 활동으로 '존재하게' 되었다는 견해였습니다. 성자는 성부와 영원히 하나라는 것, 성자는 다른 무엇도 아닌 성부의 '존재'로부터 나왔다는 것, 이것이야말로 성자에 대한 성서의 증언을 올바로 받아들인 견해라고 그는 말했습니다. 그리고 우리는 유일신론이라는 원리를 어떠한 경우에든 수호해야 한다고 덧붙였지요. 알렉산드리아의 디오니시우스는 자신을 변호하며 다시 답했습니다.

이들의 서신은 각자의 강조점이 다름을 보여 줍니다. 그리고 상대의 언어를 오해한 측면도 있었던 것으로 보입니다. 이를 이해하기 위해서는 동방 교회에서 로고스 신학이 어떻게 발전했는지를 살펴볼 필요가 있습니다. 두 디오니시우스의 서신 교환, 그리고 훗날 아리우스 논쟁을 보면 동방 교회에서는 사벨리우스주의를 매우 혐오했음을 알 수 있습니다. 왜 그랬을까요?

이 질문에 답하기 위해서는 알렉산드리아의 오리게네스가 동방 교회에 미친 커다란 영향을 가늠해 보아야 합니다. 물론 이 말에는 오해의 소지가 있습니다. 오리게네스가 살아 있을 때도 동방 교회에서는 그의 저술들의 이단성을 의심했고 훗날에는 이단자로 낙인찍었습니다. 게다가 안티오키아에서는 다른 관점들이 우세했다는 증거도 있습니다. 그러나 그러한 증거는 오늘날 우리가 가지고 있는 자료들에서는 대부분 감추어져 있고, 3세기 그리스도교 주요 도시들 밖에서 그리스도론이 어떻게 발전했는지를 알려주는 자료는 희귀합니다. 그럼에도 불구하고, 오리게네스가 전개한 로고스 신학은 4세기 초 황제의 군대가 그리스도교를 지지하기로 약속하고 대박해가 끝나면서 시작된 아리우스 논쟁에 배경이 된 것으로 보입니다.

콘스탄티누스 시대라는 격동기를 살며 저술 활동을 했

던 최초의 교회사가 카이사리아의 에우세비우스Eusebius of Caesarea는 알렉산드리아에 공식 '학교'가 있었고 학자들이 대를 이어 교장을 맡았다고 이야기합니다. 오리게네스는 그중 한 사람이었습니다. 판타이누스Pantaenus, 클레멘스Clement의 뒤를 이어 주교의 지명을 받아 이른바 교리문답 학교 Catechetical School를 맡았지요. 어떤 이는 이러한 설명에 의혹을 제기하기도 합니다. 저들의 활동이나 교회와의 관계가 그 정도로 공식적이고 직접적이지는 않았으며 학교는 교회 구성원이 되고자 하는 이들을 위한 곳이라기보다는 일종의 '철학 학교'에 가까웠다는 것이지요. 실제로 클레멘스와 오리게네스는 서로에 대해 단 한 번도 언급하지 않았으며 가르침의 강조점도 상당히 달랐습니다. 하지만 두 사람의 견해에는 흥미로운 유사점이 있습니다. 이들은 모두 '그리스도교 플라톤주의자'라고 불릴 수 있을 것입니다. 하지만 아이러니하게도 더 노골적인 플라톤주의자였던 클레멘스는 성인으로 시성되었고, 클레멘스보다 더 성서와 교회에 관심을 기울였던 오리게네스는 이단 판정을 받았지요. 살아있을 때도 오리게네스는 주교의 미움을 사 카이사리아로 자신의 서고를 옮기고 그곳에서 활동해야 했습니다(몇 세대 후 에우세비우스가 이 자료들을 물려받았습니다). 그리고 문제가 있는 정의이기는 하나,

둘 다 '신비주의자'로 불렸지요. 둘 다 신앙의 규칙을 받아들였고 영지주의자들의 가르침에 맞섰지만, 영지주의자로 의심받았습니다. 실제로 클레멘스는 평범한 신자들보다 더 지적인 '참된 영지자'true Gnostics를 육성하려 노력했고, 오리게네스 역시 평범한 신자들을 위한 가르침과 더 지적인 신자들을 위한 가르침을 구별했지요. 그러나 동시에 오리게네스는 켈수스를 반박하며 엘리트 철학자뿐만 아니라 평범한 사람도 그리스도교 신앙을 통해 선하게 된다고 이야기했습니다. 이 알렉산드리아 학자들의 업적을 공정하게 다루기 위해서는 많은 지면이 필요합니다. 여기서는 그들 사상이 로고스 신학의 발전에 미친 영향에 대해서만 언급하도록 하겠습니다. 두 사람 모두 하느님에 대한 앎은 추상화 과정을 수반한다고, 즉 육체로 인해 발생하는 산만함을 제거하는 과정과 일종의 도덕적이고 지적인 금욕주의를 필요로 한다고 생각했지요. 그들은 영혼이 이러한 금욕주의를 통해 일시적인 '생성'의 세계에서 벗어나 영원한 '존재'의 세계에 참여할 수 있게 된다고 보았습니다. 이러한 측면에서 그들의 사상은 영지주의와 어느 정도 유사성이 있습니다. 하지만 이는 근본적으로 플라톤 형이상학에 뿌리를 두고 있는 것이기에 영지주의 이원론의 특징이라 할 수 있는 피조 세계에 대한 폄하를 반드시 포함하고 있지는 않습니다. 그들은 물질세계는 선한 하느님의 창조물이기에 신성한 가치를 지니고 있다고 보았습니다. 클레멘스와 오리게네스는 하느님이 타락한 영혼들을 교육하기 위한 장場, 당신에 대한 지식을 받을 준비가 된 이들에게 당신을 드러내는 장으로 물질세계를 마련하셨다고 생각했습니다. 하느님의 로고스는 계시의 중재자였으며 계시의 절정은 예수 그리스도를 통한 로고스의 성육신이었습니다. 이러한 관점에 기대어 오리게네스는 악, 그리고 섭리에 관한 철학적 질문들에 답변을 제시했습니다. 이 또한 영지주의 사변과 유사한 측면이 있으나 근본적인 차이점도 있었지요. 영원하며 은총 가득한 영적 세계에서 벗어난 영혼들을 감화하기 위한 장소이기는 하나 그럼에도 물질세계는 분명 하느님의 피조물이었습니다. 그는 도덕적 지적 훈련을 통해 육신의 욕망과 지상에 매인 생각들을 정화하면 결국 (현재로서는 헤아릴 수 없는) 초월자 하느님을 알게 될 것이라고 생각했습니다. 오리게네스에 따르면 인간은 궁극적으로 하느님과 친연성을 지닌 존재로 그분을 직관할 수 있습니다. 불멸의 영혼은 하느님의 형상을 품고 있기 때문이지요. 이러한 맥락에서 플라톤 사상과 창세기는 긴밀한 연관이 있습니다.

당대 플라톤주의자들과 마찬가지로 오리게네스도 어떻

게 초월적이고 나뉠 수 없는 일자가 다자the Many와 관계를 맺
을 수 있는지, 만물의 궁극적인 바탕인지에 관심을 기울였습
니다. 이에 대한 전형적인 답은 일자와 다자 사이에 일자의
일자성과 다자의 다중성을 지닌 중재자, 일자-다자One-Many,
명확히 정의할 수 없으나 두 속성 모두를 지닌 존재, 복잡성
을 지닌 통합체가 있다는 것이었지요. 암묵적으로 오리게네
스는 보이지 않고, 명명할 수 없으며, 만질 수 없고, 불변하
고, 헤아릴 수 없으며, 보면 살아남을 수 없는 유대 경전의 하
느님과 플라톤 사상에서 이야기하는 궁극의 일자를 동일시
한 것 같습니다. 이 하느님은 초월적이지만 만물의 아버지이
자 원천이며 동시에 영원하고 불변합니다. 그래서 그분은 영
원히 자기 곁에 자신의 피조물, 다양한 지적 존재들, 이성을
지니고 있고 영적인 존재들logikoi, 천사들과 영혼들, 다자를
두셨습니다. 이때 한 분 하느님과 수많은 피조물을 잇는 존
재가 바로 로고스입니다. 로고스는 아버지의 단일성과 피조
물의 다중성을 모두 지니고 있습니다. 하느님의 이성인 동시
에 모든 피조 질서에 흐르고 있는 이성이기도 합니다. 로고
스는 많은 이름을 갖고 있습니다. 창조의 원리이자 타락 이
후 만물을 구원하는 원리로서 그는 다자가 되어 많은 일을
수행하기 때문이지요. 로고스는 아버지의 영원한 아들이자,

아버지에게서 나온 아버지의 대리인, 아버지와 피조물 사이를 중재하는 도구입니다. 이렇게 오리게네스는 존재하는 모든 것을 설명하기 위해 존재의 위계hierarchy of being를 제안했습니다. 만물은 영원히 존재하지만, 한 분 하느님의 창조성에 전적으로 의존합니다. 오리게네스의 이론에서 이 위계 구조의 틀은 잘 기능했습니다. 로고스 신학의 통찰을 가져와 유일신론을 유지하면서도 아들을 한 분 하느님의 중재자로 자리매김할 수 있었지요. 그는 우리의 예배 대상은 오직 한 분 하느님이며 그 예배는 그분의 아들을 '통해' 이루어진다고 주장했습니다. 덕분에 다른 존재, 다른 신들, 천사, 혹은 그 무엇이든 예배의 대상이 될 수 없다는 전통적인 그리스도교의 주장이 확고하게 유지되면서도 아들은 특별한 위상을 지닐 수 있게 되었지요. 본성과 기능이라는 측면에서 아버지와 하나이면서 동시에 구별되었습니다. 그러나 양 측면을 동등하게 유지하기란 매우 어려웠습니다. 대다수 사람에게 오리게네스의 틀은 너무 복잡했고 그 안에 있는 요소들은 의심스러웠지요. 중재와 관련된 관념들과 이 관념들에 내포된 위계는 상대적으로 채택하기 쉬웠던 반면 하느님과 로고스 사이의 근본적이고도 필연적인 연결은 놓치기 쉬웠습니다. 로고스는 아버지에게 종속된 '제2의 하느님'이 되기 쉬웠지요. 그리고 아리우스Arius는 이 논리를 끝까지 밀고 나갔습니다. 그는 하느님의 내적 이성으로서의 로고스와 하느님의 대리인으로 '창조된', 가장 위대한 피조물인 로고스를 구별했습니다. 이 로고스는 하느님에게서 나왔고, 시작이 있기에 본질상 신적이지 못하다고 아리우스는 생각했지요. 이에 관련해서는 나중에 좀 더 살펴보겠습니다. 여기서는 이러한 생각이 동방 교회 구성원들에게 상당한 지지를 받고 있었음을 알아두는 것으로 충분합니다. 당시 대다수 사람은 로고스가 중재자라는 생각은 이해했지만, 그의 존재와 하느님의 존재를 동일시하는 시도에 대해서는 깊은 의심을 품었습니다. 그리고 오리게네스는 분명 이와 관련해 일부 책임이 있습니다. 영원한 창조에 관한 그의 생각들은 단 한 번도 받아들여진 적이 없습니다. 그렇기에 아리우스 반대파가 문제를 제기하기 전까지는 아들의 영원한 출생에 관한 그의 생각 역시 사람들의 시야에서 사라졌지요.

아버지와 아들을 서로 다른 존재, 혹은 실체로 보는 동방의 견해는 앞서 언급한 두 디오니시우스의 서신들에서 분명히 찾아볼 수 있습니다. 서방 교회에서는 세 힘, 혹은 세 분리된 실체substances 혹은 위격hypostases이라는 개념을 비판했습니다. 그리스어 히포스타시스hypostasis에 대한 적절한 라틴어

번역은 숩스탄티아substantia이며 서방 세계에서 이 말은 삼위가 공유하는 하나의 신적 실체를 가리키는 말로 오랫동안 쓰였습니다. 아마 이런 사실은 상호 오해의 한 원인이 되었던 것으로 보입니다. 하지만 좀 더 중요한 사실은 알렉산드리아의 디오니시우스가 아버지와 아들이 하나라는 이야기를 하지 않기 위해 안간힘을 썼다는 것입니다. 물론 그도 씨앗과 싹은 다르지만 한 본성을 지니고 있듯 아버지와 아버지에게서 나온 아들 또한 한 본성을 지니고 있음을 인정했지만 말이지요. 카이사리아의 에우세비우스 및 다른 아리우스파 동조자들의 저술들에서도 중재자를 아버지와 구별되는 존재로 보려는 경향이 분명하게 발견됩니다. 에우세비우스는 호교론자로서 유일신론과 도덕성을 강조했습니다. 하지만 중재자 그리스도론에 기대 별다른 어려움 없이 한 분 하느님과 한 분 주님을 주장할 수 있었지요. 아버지와 아들 사이의 구별을 무너뜨리는 사벨리우스파에 완강히 저항했다는 점에서 에우세비우스와 그보다 앞선 알렉산드리아의 디오니시우스는 공통점이 있습니다.

알렉산드리아의 디오니시우스가 고령에 접어들었을 때 한 논쟁이 일어났습니다. 어떤 학자는 이때 동방 로고스 신학의 경향이 강화되었다고 이야기하지요. 안타깝게도, 에우세비우스는 정죄받은 안티오키아의 주교 사모사타의 파울루스Paul of Samosata가 정확히 어떠한 가르침을 전했는지 밝히고 있지 않습니다. 에우세비우스는 그의 이름을 사회적으로, 도덕적으로, 정치적으로 더럽히기 위해 온갖 노력을 기울이나 정확히 왜 268년 그의 가르침을 정죄했는지는 분명히 이야기하고 있지 않지요. 이후 논쟁에서 사모사타의 파울루스를 따른다는 비난은 사벨리우스와 같은 이단자들을 따른다는 비난 못지않게 심각한 비난이었습니다. 아타나시우스는 아리우스주의를 거부하기 위해 니케아 신경에서 쓴 동일본질homoousios이라는 용어를 옹호하면서 파울루스를 정죄한 공의회가 이 용어 또한 정죄했다는 사실을 설명해야 했습니다. 오리게네스의 신학이 아버지와 아들을 분리하는 동방 교회의 경향에 영향을 미쳤다면, 파울루스에 대한 반대는 동방 교회가 사벨리우스와 같은 해결책을 의심하는 데 영향을 미쳤던 것으로 보입니다. 하지만 실제로 파울루스가 사벨리우스주의자였을까요?

사모사타의 파울루스가 어떠한 가르침을 전했는지를 전한 글들을 살피면 그는 양자론자에 가까웠던 것으로 보입니다. 그에게 기름 부음 받은 자인 '그리스도'는 로고스가 아니라 인간이었습니다. 마리아는 로고스를 낳지 않았습니다.

창세 이전에 그녀는 없었으니 말씀보다 나이가 많을 수도 없기 때문이지요. 그녀는 우리와 같은 한 인간을 낳았습니다. 비록 그 인간은 모든 면에서 우리보다 나은 인간이었지만 말이지요. 하지만 파울루스는 이 인간이 특별히 말씀 그 자체와 하느님의 지혜를 받았다고 믿었습니다. 진실로 그는 특별하다고 파울루스는 생각했습니다. '성령의 사람'이었기 때문이지요. 파울루스를 반대한 이들은 그가 예수 그리스도를 다른 인간들과 전혀 다를 바 없는 이로 가르친다고 비난했습니다. 하지만 그는 유비analogy를 거부하고 로고스와 '마리아에게서 난' 인간적 요소의 독특한 결합에 대해 말하려고 했던 것으로 보입니다. 그러므로 사모사타의 파울루스를 단순히 양자론자라고 할 수는 없습니다. 그는 예수가 세례를 받을 때 하느님의 권능이 예수를 성별했고 예수의 완전함에 하느님이 반응하여 그를 양자로 삼았다고 이야기하지 않기 때문입니다. 이러한 맥락에서, 예수 그리스도와 하느님의 연합을 '본질상의 관계가 아닌 우정 어린 유대 관계'로 격하한다는 비난은 옳았지만, 그 연합은 생각보다 더 근원적인 것이었습니다. 니케아 공의회 이후로, 한때 동일본질이라는 표현이 왜 정죄 받았는지 설명하려 한 시도들은 좀 더 흥미롭습니다. 힐라리우스Hilary는 이를 두고 말했습니다.

이러한 표현을 씀으로써 그는 아버지와 아들이 고독한 단일체라 선언했다.

아타나시우스는 사모사타의 파울루스가 물질의 유비를 들어 한 존재가 다른 존재로부터 유래했음을 암시하는 의심스러운 이야기를 했다고 주장했습니다. 파울루스가 실제로 무슨 말을 했든 한 가지는 분명합니다. 그는 전형적인 로고스 신학, 즉 그리스도의 신성이 하느님의 신성에 종속되며 그리스도가 하느님과 피조물을 중재하는 존재라는 제안에 만족하지 않았습니다. 파울루스는 하느님의 지혜, 혹은 참된 로고스의 계시로서 예수가 참된 인간임을 보여 주려 했습니다. 그리고 사벨리우스파 이야기 같으면서도 양자론자 이야기처럼 들릴 수 있는 생각들에 도달한 것으로 보입니다. 이는 커다란 혼란을 초래했으며 사벨리우스파 이야기처럼 들리는 생각을 전개한 동방 신학자들의 운명을 결정했습니다. 아타나시우스, 마르켈루스Marcellus와 같은 아리우스파 반대자들은 난처한 상황에 처했습니다. 그들을 향한 서방의 지지는 결코 동방에서의 승리를 보장하지 않았습니다. 이들 사이에서, 오리게네스와 사모사타의 파울루스는 동방 신학이 모든 종류의 양태론에 적개심을 갖고 있으며 하느님과 세계의 관계를 일종의 위계로 생각하고 있음을 나름의 방식으로 표현했습니다. 이 위계에서 '한 분이신 주 예수 그리스도'는 궁극의 아버지이자 만물의 원천인 '한 분 하느님'과 존재하는 모든 것 사이를 중재하는 중재자로서의 본성과 위상을 지니고 있었습니다. 예수 그리스도는 선재하는 로고스의 성육신이며 하느님이 피조물을 창조하기 위해, 창조한 피조물과 교류하기 위해 쓰시는 창조의 도구였습니다. 그는 두 번째 위격second hypostasis이자 아버지와 구별되는 존재이며 궁극의 일자, 태어나지 않은 하느님과 혼동해서는 안 되는 존재였습니다. 아리우스 논쟁은 이러한 이해의 부적절함을 드러낸 논쟁이었습니다. 그리고 지금까지 긴 이야기를 한 이유는 바로 이 논쟁을 다루기 위해서였습니다. 이제 이 중요한 논쟁을 좀 더 자세히 살펴볼 차례입니다.

아리우스는 알렉산드리아 근교에 있는 지역 교회의 사제로 성서 해석자였으며 인기 있는 교사였습니다. 하지만 전 그리스도교 세계를 휩쓴 논쟁을 일으키지 않았다면 그의 이름은 오늘날까지 남지 않았을 것입니다. 한때 주교들은 누군가 자신에게 '아리우스파'라는 낙인을 찍으면 강하게 반발하곤 했습니다. 자신은 교회의 '주교'이지 별 볼 일 없는 '사제'의 추종자가 아니라고 생각했기 때문이지요. 후대 '아리우스파'는 세련된 철학자이자 논리학자들로 이루어졌으며 처음 아리우스가 생각했던 바를 넘어서 그의 가르침을 발전시켰습니다. 이러한 맥락에서 '아리우스파'와 아리우스는 실제로는 별다른 관계를 맺지 않았거나 거의 관계를 맺지 않았던 것으로 보입니다. 하지만 그럼에도 이들에게는 모두 '아리우스파'라는 낙인이 새겨졌지요. 그러므로 '역사적 아리우스'historical Arius를 이해하기 위해서는 상당히 신중한 분석이 필요합니다. 오늘날 우리가 갖고 있는 자료들은 아리우스 논쟁 후기에 기록된, 편향된 자료들이기 때문이지요. 최근 학자들은 초기 교회를 형성한 이들이 남긴 평가보다 더 공정한 평가를 하려 노력하고 있습니다. 하지만 세부사항을 검토하고 책임을 따지기에는 지면의 한계가 있으므로 여기서는 주요 문제들만 살펴보도록 하겠습니다. 아리우스와 주교 사이에서 일어난 논쟁이 지역이라는 경계를 넘어서자 대다수 동방 교회 지도자들은 니케아 공의회에서 채택하고 아타나시우스와 서방 교회가 지지한 반反아리우스파 입장보다는 온건한 아리우스파 견해에 더 공감했습니다. 이 시기 황제와 그의 조언자들이 제국을 통합하려는 계획의 일환으로 교회의 통합을 원했기 때문에 정치가 개입하기 시작했습니다. 하지만 50년간 이어진 논쟁은 단순한 정치 문제만으로 설명할 수 없습니다. 1세기 후 역사가 소크라테스Socrates가 그랬듯이 논쟁을 단순히 이오타ἰ 하나를 둘러싼 논쟁으로 치부하는 것도 공정한 평가는 아닙니다. 호모우시오스homoousios와 호모이우시오스homoiousios를 둘러싼 논쟁에는 심각한 신학 문제들이 걸려 있었습니다.

분명 아리우스는 유일신론자였습니다. 그는 한 분 하느님이 홀로 태어나지 않으시고, 홀로 영원하시며 시작도 없으시고 시간 이전에 독생자를 낳으시고 그를 통해 시간과 우주를 만드셨다고 고백했습니다. 이때 독생자는 다른 어떤 피조물과도 다른, 하느님의 완벽한 피조물이라고 아리우스는 고백했습니다. 그에 따르면 하느님은 오직 아버지뿐입니다. 아들은 최초의 피조물이자, 가장 위대한 피조물이고 말이지요. 물론 그는 '신적'입니다. 그러나 하느님이 하느님이신 것과 같은 의미에서 하느님은 아니라고 아리우스는 생각했습니다. 따라서 세 위격, 세 존재, 즉 아버지와 아들, 성령이 있으나 단자Monad는 오직 아버지뿐이며, 그분만이 참된 하느님이라고 주장했습니다. 나머지는 아버지에게서 파생되었으며 발생하지 않은 존재가 아니기 때문이지요. 아리우스는 단자가 사벨리우스가 제안했듯 '아들-아버지'Son-and-Father로 나뉠 수 없다고 생각했습니다. 그리고 아들은 아버지와 동일본질인, 아버지의 '일부'일 수도 없다고 생각했지요. 아리우스는 주교 알렉산드로스Alexander에게 편지를 써서 이와 같은 자신의 견해를 밝혔습니다. 어떤 학자는 이 편지에 의거해 아리우스의 동기는 순전히 이론적이고 철학적이었다고 이야기합니다. 하지만 다른 증거들을 보면 아리우스는 성서 문자주의자biblical literalist에 가까웠습니다. 그는 성자를 '독생자'라는 성서 언어를 빌려 기술함으로써 자신의 입장을 정당화했지요. 최근 어떤 학자들은 구원의 관점에서 아리우스의 논의를 살펴야 한다고 주장하기도 합니다. 아리우스에게 '아들 됨'은 모든 피조물이 얻을 수 있는 것이었으며, 유혹에 대한 하느님 아들의 승리는 모두가 따라야 할 본이었습니다. 성자를 피조물로 봄으로써 아리우스는 성자를 잠재적으로 변화할 수 있고 따라서 유혹받을 수 있는 존재로 만들었습니다. 이렇게 되면 피조물 역시 죄를 정복할 수 있고 의로워질 수 있게 되지요. 바로 이 점 때문에 어떤 사람들은 아리우스의 주장을 매력적인 것으로 받아들였습니다. 하지만 바로 이 점 때문에 더 많은 사람이 그의 주장이 상당 부분 교회의 전통적인 가르침과 일치함에도 불구하고 이를 거부해야 한다고 생각했습니다.

아리우스가 실제로 어떠한 가르침을 전했는지, 그의 근본

동기는 무엇이었는지는 여전히 논의 중입니다. 그러나 카이사리아의 에우세비우스 같은 사람들이 믿고 가르쳤던 전통적인 위계와 아리우스의 주장이 유사하다는 점에는 논쟁의 여지가 없습니다. 실제로 에우세비우스는 아리우스파와 유사한 견해를 갖고 있었고 니케아 공의회의 결과에 만족스러워하지 않았습니다. 하지만 그는 아들이 죄를 지었을지도 모른다는 생각은 단호히 거부했지요. 전통적인 교회의 가르침과 관련해 아리우스주의는 장점도 있었지만, 근본적인 약점도 있었습니다. 니케아 공의회가 열리고 수십 년이 지난 뒤 아타나시우스가 쓴 위대한 반아리우스주의 글들이 바로 이 약점을 드러냈지요. 그는 아리우스의 종속론이 동방 교회에서 선호하는 위계를 무너뜨림을 입증했습니다. 아타나시우스에 따르면 아리우스의 주장에서 로고스는 더는 중재자가 될 수 없습니다. 원리상 은총을 통해서가 아니면, 신성을 지닐 수 없기 때문입니다. 로고스는 '본질상' 하느님과 하나가 아니기에 하느님의 내적 이성인 로고스와는 아무런 관련이 없게 됩니다. 이 창조된 로고스는 참된 하느님의 지혜가 아니며 그 지혜의 모상에 불과합니다. 따라서 하느님에 대한 참된 지식을 갖고 있지 않고 하느님을 진실로 드러낼 수도 없습니다. 본질상 하느님의 아들이 아니고 다만 하느님이 자신의 대리인으로 채택한 피조물에 불과한 것이지요. 그는 그 자체로 신적이지 않기 때문에 하느님과 교류할 수 없습니다. 그리고 이는 불가피하게 전체 위계를 붕괴시킵니다. 이때 로고스는 하느님이거나 피조물일 뿐, 둘 다일 수는 없다고 아타나시우스는 말했습니다. 그리고 새로운 신학이 불가피하다고 주장했습니다. 동방 교회의 전통주의자들은 서방 교회의 군주론 형태를 지닌 신학에 빚진 아타나시우스의 새로운 접근을 커다란 위협으로 간주했습니다. 그래서 대부분 '반半아리우스주의'semi-Arianism라고 불리는 (어떠하든 로고스는 신적이라고 보는) 입장을 택했지요. 어떤 이들은 로고스가 니케아 신경의 동일본질homoousios이라는 말이 함축하는 바와 같이 하느님과 동일하지는 않지만, '유사한 본질'homoiousios을 지니고 있다고 제안하기도 했습니다.

325년 니케아 공의회에서는 이 문제를 해결하지 못했습니다. 그리고 약 50년 동안 니케아 신경을 좀 더 수용 가능한 정식으로 대체하려는 시도가 끊임없이 이어졌지요. '아리우스파' 황제들이 잇따라 즉위하면서 이 과정을 더 어렵게 만들었습니다. 하지만 동방 교회를 통합하고 평화를 가져오는 데에는 아리우스의 주장보다는 니케아 공의회의 결정이 더 유용할 것처럼 보였습니다. 교리를 설명하고 발전시키고 수

용하는 과정이 이어졌고 점차 다수가 니케아 정식을 받아들이게 되었습니다. 그 결과 381년 열린 콘스탄티노플 공의회에서는 일반적으로 니케아 신경으로 알려진, 동방과 서방 전례에서 모두 사용하는 신경을 받아들였습니다.

이 신경에서는 하느님이 한 분이라고 단언합니다. 그리고 한 분이신 주님은 아버지와 '동일본질'이십니다. 즉 그분은 본질과 활동, 뜻에서 하느님과 완벽히 일치합니다. 예수는 하느님에게 종속된 중재자의 성육신이 아니라 한 분이신 참된 하느님의 계시였습니다. 주 예수 그리스도 안에서 나신 분은 하느님, 하느님 그 자신이었습니다. 그러나 이러한 정의를 사벨리우스처럼 이해해서는 안 됐고, 이렇게 정의한 존재가 어떻게 성육신할 수 있는지도 설명해야만 했습니다. 삼위일체 교리와 그리스도론은 모두 새로운 니케아 신학에 비추어 다듬어져야 했습니다.

IV

성령과 거룩한 공교회

아리우스 논쟁의 공식 의제는 아들/로고스와 아버지/하느님이 어떠한 관계를 맺고 있느냐는 것이었습니다. 하지만 암묵적인 의제는 구원의 문제였지요. 아리우스주의에 대한 아타나시우스의 비판은 2장 끝에 소개한 사상과 연결되어 있습니다.

우리가 하느님이 될 수 있도록 그분은 인간이 되셨습니다.

아타나시우스는 로고스가 우리의 '테오포이에시스'theopoiēsis 즉 신성화divinization, 혹은 신화神化, deification를 이루기 위해서는 그가 하느님이어야만 한다고 주장했습니다. 이 주장에 대해서는 마지막 장에서 더 자세히 다룰 것입니다. 여기서 알아 두어야 할 점은 아리우스 논쟁, 그리고 이어지는 논쟁들은 모두 암묵적으로 구원과 관련이 있다는 것입니다. 논쟁에 참여한 이들은 상대가 구원을 위협한다고 느꼈습니다. 말씀의 온전한 신성을 긍정하기 위한 투쟁은 성령의 온전한 신성을 긍정하기 위한 투쟁으로 곧장 이어졌습니다. 이 두 투쟁을 통해 동방 교회가 사상을 가다듬는 동안 서방 교회는 상대적으로 방관했지요. 앞서 언급했듯 이레네우스와 테르툴리아누스의 사상에는 이미 삼위일체론의 형태가 있었습니다. 대체로 서방 교회는 '단일성 안의 삼중성'Trinity-in-Unity이라는 생각을 받아들이는 데 어려움이 없었습니다. 그러나 위계를 중시하는 동방 교회로 인해 문제는 복잡해졌지요. 어떤 의미에서 로고스 신학은 성령을 위한 여지를 남기지 않았습니다. 여기서는 창조도, 계시도 하느님 말씀의 활동으로 이루어지기 때문이지요. 로고스 신학에서는 성서에 나오는 성령의 역할도 말씀이 수행하고 있었습니다.

하지만 아버지 하느님, 아들 예수 그리스도, 성령, 이 셋은 신약성서에서 발견되며 초기 교회는 전례 시 신앙고백을 할 때 셋을 언급했습니다. 이들의 관계를 개념화하지는 않았지만 말이지요. 세례를 할 때도 마태오 복음서의 명령(28:19)을 따라 셋을 언급했습니다. 유스티누스는 예언의 영에 대해 많이 언급했는데 전통적으로 예언의 영은 그리스도께서 미래에 어떻게 오시는지를 알려 주는, 영감을 받은 책(성서)과 관련이 있었습니다. 물론 신약성서에 따르면 성령은 단순히 과거 경전이 기록될 때 영감을 주었던 존재만은 아닙니다. 최초의 그리스도교인들은 성령의 은사를 받아 극적인 예언을 하곤 했습니다. 2세기, 적어도 몬타누스 운동 이전까지는 교회에서 예언자들이 중요한 역할을 맡았다는 기록이 남아 있습니다. 그리고 몬타누스 운동 역시 새롭게 논란의 여지가 있는 예언들을 했지요. 보고에 따르면 이 운동의 구성원들은 방언 같은 '이상한 소리'를 냈으며 새로운 예루살렘의 도래가 임박했다고 예언했습니다. 몬타누스 운동은 소아시아 프리기아에서 시작되었습니다. 그러나 시간이 지나며 인근 지역을 넘어 로마와 북아프리카까지 퍼졌지요. 이레네우스는 몬타누스 운동을 그리 부정적으로 보지 않았습니다. 영지주의를 거부했던 2세기 천년왕국 운동(이 운동에 속한 이들은 계시록이 예측한 대로 그리스도의 천년 통치가 임박했다고 믿었습니다)이나 신약성서에서 볼 수 있는 것 같은 종말론적이고 예언을 중시하는 그리스도 운동과 크게 다르지 않다고 생각했던 것이지요. 몬타누스 운동의 '청교도'와 같은 면모, 엄숙주의 생활 방식에 매료된 테르툴리아누스는 몬타누스주의자가 되기까지 했습니다. 이 새로운 예언 운동을 이끈 이는 몬타누스와 여성 동료 프리스킬라Priscilla, 막시밀라Maximilla였습니다.

에우세비우스가 『교회사』에서 인용한 긴 보도에 따르면 몬타누스는 아르다바우에서 "갑작스럽게 영적 흥분 상태에 빠져 무아지경, 기이한 황홀경"을 체험했습니다. 에피파니우스Epiphanius는 프리스킬라가 이런 말을 남겼다고 보고했습니다.

> 그리스도는 밝은 옷을 입은 한 여인의 모습으로 나에게 오셔서 내게 지혜를 심으셨습니다. 그리고 이곳(페푸자Pepuza)은 거룩하며 예루살렘이 하늘에서 이곳으로 내려올 것이라고 계시하셨습니다.

막시밀라도 주장했습니다.

> 나 이후에는 더는 예언자가 등장하지 않을 것입니다. 그분의 나라가 완성될 테니까요.

그들은 금식과 순결을 가르쳤고 순교를 기꺼이 감내해야 한다고 주장했습니다. 몬타누스는 때때로 '보혜사'the Paraclete라 불리기도 했는데, 이는 몬타누스 운동이 '무해하고 기본적으로 정통인데도 제도 교회가 통제할 수 없는 예언의 요소를 지니고 있다는 이유로 배척당한 종말론적 은사 운동'은 아니었음을 암시합니다. 이 운동은 보혜사의 성육신을 주장했습니다. 또한, 몬타누스는 이런 말을 했던 것으로 보입니다.

> 나는 인간에 깃든 전능하신 주 하느님이다. 나에게 임한 분은 천사도 아니고 사절도 아닌 아버지 하느님이다.

이는 몬타누스 운동에 담긴 신학이 양태론이었음을 암시합니다. 또한 자료에 따르면, 막시밀라는 이러한 말을 남겼습니다.

> 내 말을 듣지 말고 그리스도의 말씀을 들으십시오. 나는 늑대처럼 양무리에서 쫓겨났습니다. 그러나 나는 늑대가 아닙니다. 나는 말씀이고 영이고 힘입니다.

이 말을 놓고 보면 아버지와 말씀, 그리고 성령의 구별은 사라진 것으로 보입니다. 하지만 제한된 자료를 살펴보면 이들의 교리가 특별히 문제가 되었던 것 같지는 않습니다. 그리고 그들이 실제로 이러한 비정통 교리를 가르쳤다면 테르툴리아누스가 훗날 이 운동에 가담했다는 사실은 기이해 보입니다. 당시 교회가 몬타누스와 그의 동료들에게 반대한 것은 영감의 방식이었습니다. 그리고 이 부분에 대해 우리는 좀 더 살펴보아야 합니다. 몬타누스는 말했습니다.

> 보라, 인간은 수금과 같다. 나는 이 수금을 연주하는 술대와 같다. 인간은 잠들어 있으나, 나는 깨어 있다. 보라, 주님은 인간들에게 마음을 주시고, 그들의 마음을 움직이신다.

"수금"은 헬레니즘 시기 자주 쓰이던 심상이었습니다. 델피의 신탁과 무녀들은 신에게 "사로잡혀" 그의 말을 전했습니다. 황홀경, 무아지경, '신성한 광기'divine Madness는 모두 이 과정과 연관이 있었지요. 에우세비우스가 몬타누스에게 반대하며 인용하는 문서들과 오리게네스 같은 이들이 제시한 주장들은 모두 영감을 어떻게 이해해야 하는지에 초점을 맞추고 있습니다. 그들은 몬타누스가 "잘못된 영에게 사로잡힌 미치광이, 사람들을 방해하는 사람"이라고 생각했습니다. 몬타누스를 사로잡은 것은 성령이 아니라 "기만의 영"이었으며 몬타누스의 체험은 성령 체험이 아니라 "기이한 황홀경"이라고 여겼지요. 몬타누스파를 고발한 이들은 말했습니다.

> 옛 언약 아래서든 새 언약 아래서든 이런 식으로 성령의 감동을 받은 사람은 아무도 없습니다. 그들은 어떠한 예도 들 수 없을 것입니다.

오리게네스는 영감을 받으면 예언자의 정신이 사라지게 되는 것이 아니라 오히려 그의 의식이 고양된다고 말했습니다. 이러한 맥락에서 당시 교회가 몬타누스 운동에 맞서 영들을 검증하고 거짓 예언자들을 피하라는 신약성서 구절들을 인용한 것은 그리 놀라운 일이 아닙니다. 오늘날 남아 있는 대다수 자료에서 몬타누스파는 보혜사의 특정한 성육신을 주장하기보다는, 세 사람 중 누군가가 성령이나 하느님의 말씀 혹은 권능에 '사로잡혔다'고 주장하는 경우가 많습니다. 이러한 느슨한 말은 특정 양태론의 언어라기보다는 2세기 교회에서 흔히 쓰이던 말이었을 것입니다. 몬타누스 운동이 언제부터 시작되었는지는 분명하지 않습니다. 에우세비우스는 172년에 시작되었다고 보고 에피파니우스는 156~7년에 시작되었다고 보지요. 이 부분은 에피파니우스의 진단이 맞은 것으로 보입니다. 에우세비우스의 견해는 172년부터 교회가 이 문제를 다루기 시작했다는 뜻으로 보입니다. 로마와 테르툴리아누스가 이 운동에 대해 언급한 시기는 3세기 초였습니다. 테르툴리아누스는 "아버지를 십자가에 못 박고 보혜사를 회피하게 만든다"며 (몬타누스 운동에 반대하던) 프락세아스를 비난했습니다. 프락세아스가 양태론을 믿어서 몬타누스 운동에 반대한다고 생각한 것이지요. 테르툴리아누스가 이런 말을 한 계기는 이 새로운 예언 운동에 대해 로마가 반발했기 때문이었을 것입니다.

몬타누스파에 맞선 저항이 이어지고 황홀 체험과 예언 현상이 점차 감소했음에도 불구하고 교회는 성령이 활동한다는 믿음을 버리지 않았습니다. 정경이 형성되면서, 대다수 교회는 정경에 담긴 영감 받은 말씀 외에는 어떠한 말씀도 추가될 수 없다는 생각을 받아들였습니다. 분명, 몬타누스 운동은 이러한 생각의 확립에 중요한 계기가 되었지요. 하지만 교회는 성령이 활동할 가능성을 완전히 없애지는 못했습니다. 성령의 영감을 받는 사람만이 말씀을 올바로 읽고 해석할 수 있다고 믿었기 때문입니다. 당시 교회는 세례 시 세례 받는 이에게 있던 거짓 영들은 쫓겨나고 성령이 임한다고 믿었습니다. 성령은 교회, 교회 구성원들, 교회에서 이루어지는 성사, 사제, 선생들에게 영감을 주고 이들을 거룩하게 한다고 생각했지요. 그리스도교인들은 교회 생활을 하는 가운데 하느님이 활동하신다는 것을 당연시했습니다. 2세기 후반 '삼위'triad라는 말이 처음으로 쓰였고 3세기 초 테르툴리아누스는 이를 라틴어 '트리니타스'Trinitas, 즉 삼위일체로 번역했습니다. 이레네우스처럼 그는 말씀과 성령을 하느님에게서 나온 이성과 지혜로 여겼습니다. 즉 말씀과 성령은 하느님에게서 파생된 존재로 세계, 특히 그리스도교 공동체에서 활동합니다. 이렇게 말씀과 성령에 중재자 역할을 부여하는 경향은 위계를 중시하는 동방 교회의 신학에 힘을 실어주었습니다. 하지만 로고스와 영이 '존재의 사다리'에 이러한 방식으로 배치되자 성령과 천사의 차이를 이야기하기 힘들게 되었지요. 이러한 맥락에서 로고스를 두고 일어난 아리우스 논쟁이 성령에 관한 논쟁으로 이어진 것은 당연한 일이었습니다.

이러한 가운데 360년경 아타나시우스는 트무이스의 주교 세라피온Serapion, Bishop of Thmuis이 보낸 편지에 답을 해야 한다고 생각했습니다. 편지에서 세라피온은 말했습니다.

하느님의 아들에 대한 신성모독을 들어 아리우스주의를 버렸으나 성령에 반대하는 이들은 성령이 피조물일 뿐 아니라 하느님을 섬기는 여러 영 중 하나일 뿐이며 천사들과 등급이 다를 뿐이라고 말합니다.

이 논쟁은 성서 본문을 둘러싼 해석을 중심으로 이루어졌습니다. 이 성령 반대파는 자신들이 받아들이기 힘든 성서 본문을 은유로 설명했기 때문에 아타나시우스는 그들을 은유론자들이라고 불렀습니다. 또한, 성령 반대파는 성령이 하느님의 영이라면 그는 또 다른 '하느님의 아들'이거나 '아버지의 손자'여야 한다고 주장했습니다. 그러나 이는 성자가 독생자이고 형제가 없다는 전통적인 그리스도교 견해에 어긋나는 것이었지요. 이에 맞서 아타나시우스는 성령은 우리 안에 있는 그리스도의 영이며 따라서 성령의 신성은 그리스도의 신성과 관계가 있다고 주장했습니다. 더 나아가 우리의 성화聖化와 신화神化는 우리 안에 있는 성령의 활동으로 이루어진다고, 성령이 피조물이라면 우리의 신화는 불가능할 것이라고 말했지요. 아리우스파와 논쟁할 때처럼 이 주장은 구원이 이루어지기 위해 필요한 것이 무엇이냐는 논쟁에 대한 응답이기도 했습니다. 그래서 아타나시우스는 삼위 모두가

한 분 하느님이라는 단호한 진술로 나아갔습니다.

약 10년에서 15년 뒤 카이사리아의 바실리우스 역시 이와 유사한 논쟁을 하게 되었습니다. 「성령에 관하여」De Spiritu Sancto라는 글에서 그는 자신의 영광송doxology이 전통에 위배된다는 고발에 응답했지요. 바실리우스는 "성자를 통하여 성령 안에서 성부께 영광 있기를"이라는 표현 대신 "성자와 함께, 그리고 성령과 함께 성부께 영광 있기를"이라는 표현을 썼습니다. 그는 두 형태 모두가 전통적이며 교회 교리에 부합한다고 주장했습니다. 두 형태 모두 성부, 성자, 성령을 예배하고 이들을 향해 영광을 돌렸기 때문이지요. 당시 교회 전례는 아버지, 아들, 성령에게 똑같은 영예와 존엄을 부여했습니다. 셋 모두가 같은 신성을 지니고 있고, 창조와 구원이라는 신성한 활동에 참여하기에 이는 적절하다고 교회는 판단했습니다. 특히 성령은 성사를 통해 이루어지는 성화와 관련이 있었습니다. 하지만 마케도니아 학파, 혹은 성령 타파론자들은 이에 반기를 들었지요. 나지안주스의 그레고리우스에 따르면 당시에는 성령을 '힘'으로 여긴 이들도 있었고 피조물로 여긴 이들도 있었으며 성서에서 명확하게 기술하지 않는다는 이유를 들어 성령이 무엇이라고 확정하지 않은 이들도 있었습니다. 이들에 견주면 바실리우스는 한결 분명한 입장을 취했지만, 성령이 성자 및 성부와 동일본질이라고까지 하지는 않았습니다. 381년 콘스탄티노플 공의회에서 채택한 니케아 신경 중 성령에 관한 조항을 적용하지도 않았지요.

그러나 머지않아 교회는 성령도 성자, 성부와 동일본질이며 신성을 지니고 있다고 주장했습니다. 그리고 성부에게 두 아들이 있다고 주장한다는 비난을 피하기 위해 성령이 아버지로부터 '출생했다'는 표현 대신 (요한 복음서 15장 27절에 근거해) 아버지에게서 '나온다(발현한다)'는 표현을 썼지요. 이제 비로소 한 분 하느님을 삼위일체로 보는 이해가 분명하게 자리 잡기 시작한 것입니다. 이 길을 닦은 이는 분명 아타나시우스였지만 명확한 설명을 제시한 이는 카파도키아 교부들인 바실리우스와 그의 친구 나지안주스의 그레고리우스, 바실리우스의 동생이었던 니사의 그레고리우스였습니다. '동일본질'homoousios은 단일성을 뜻하기 때문에, 성부, 성자, 성령이 공통으로 지니고 있는 것을 가리킬 때도 사람들은 당연히 '본질'(우시아)ousia이라는 말을 썼습니다. 그러나 셋을 한 위격(히포스타시스)으로 환원시키는 것은 동방 교회에서는 오랫동안 사벨리우스주의를 뜻했습니다. 동방에서 '위격'이라는 말은 개별적인 실체를 의미하기 때문이지요. 문제는 '본질'과 '위격'이라는 말이 동방에서는 같은 말로 쓰인다는 데 있었습니다. 그래서 동방 교회에서는 서방 교회의 영향을 받은 아타나시우스의 교리에 저항했던 것이지요. 장님 디디무스Didymus the Blind는 '실체'substance에 해당하는 이 두 단어를 구별하는 기발한 생각을 해냈습니다. 그래서 '한 본질에 세 위격'이라는 정식이 나왔지요(이 표현은 바실리우스가 썼다고 하는 논문에서 발견되었지만, 실제로 이 논문은 바실리우스가 쓰지 않았습니다). 플라톤주의를 따르는 경향이 있던 카파도키아 교부들은 세 위격의 관계를 보편과 특수라는 범주로 설명했습니다. 이를테면 베드로, 야고보, 요한은 같은 본질, 즉 같은 인간성을 갖고 있습니다. 마찬가지로 성부, 성자, 성령은 같은 본질을 공유하고 있는 구별된 위격들입니다. 그렇다면 이 이야기는 삼신론tritheism과 다를 바가 없는 것 아닐까요? 이 물음에는 니사의 그레고리우스가 대답했습니다. 그리고 그 전에 이미 바실리우스는 신성에는 수를 적용할 수 없고 하느님은 여러 부분으로 나뉠 수 없다고 이야기했습니다. 하느님과 관련해서는 '1+1+1=3'이 아니라는 것이지요. 바실리우스나 그레고리우스에게 세 위격의 단일성은 관념적인 것이 아니라 현실적인 것이었습니다. 하느님은 본질적으로 순전한 분이시며 합성물이 아니라고 믿었기 때문이지요. 달리 말하면, 그들에게 하느님의 '단일성'은 어디까지나 그분을 이해하기 위한 출발점이었을 뿐입니다. 하느님은 피조물과는 근본적으로 다른 특징을 갖고 계신 분이기 때문입니다.

이러한 맥락에서 그들은 삼위 하느님이 존재 방식에서 '태어나지 않으신 분', '태어나신 분', '발하시는 분'으로 구별되거나 '부성'父性, paternity, '아들됨'sonship, '성화하는 힘'sanctifying power이라는 관계로 구별된다고, 그러나 실체, 활동, 의지에서 하나라고 이야기했습니다. 그러므로 삼위일체 하느님은 창조주Creator이자 구세주Saviour이자 성화자Sanctifier이며, 각 활동에서 하나이며, 한 위격 홀로 고유한 활동을 하지 않으십니다. 삼위일체 하느님은 영원하시며 언제나 세 위격이자 한 신성으로 동시에 존재하십니다. 이것이 이레네우스, 테르툴리아누스의 '경륜적 삼위일체'와 대조되는 '내재적(본질적) 삼위일체'입니다. 하느님은 변하지 않으십니다. 따라서 그분은 언제나 삼위일체셨으며 '경륜'economy을 위해 비로소 삼위일체가 되신 것이 아닙니다. 게다가 하느님은 진리의 원리이므로 거짓말을 하실 수 없습니다. 따라서 그분이 삼위일체로서 드러나셨다면 그 계시는 그분의 영원한 실재와 일치해야 합니다.

이 모든 이야기에도 불구하고 카파도키아 교부들은 하느

님은 원칙적으로 무한하시기에 우리의 정의definition, 언어, 범주를 넘어서 계신다고, 우리는 그분을 헤아릴 수 없다고 주장했습니다. 그렇기에 삼위일체는 신비일 수밖에 없습니다. 카파도키아 교부들이 하느님에 대해 모든 것을 알고 있는 것처럼 말한 이유는 그들이 극단적인 아리우스주의자들(에우노미우스파Eunomians)에게 맞서야 했기 때문입니다. 하느님을 '태어나지 않으신 분'으로 정의한 뒤 이로부터 하느님의 본성에 대한 (근본적으로) 제한된 견해를 제시하는 것은 그리 어려운 일이 아니었습니다. 그래서, 아이러니하게도, 카파도키아 교부들은 유일신론을 고수하기 위해 서로 다른 존재론적 위상을 지닌 세 존재에 관한 교리, 결과적으로 다신론에 가까운 신론을 만들어냈습니다. 유대인들의 단순한 유일신론과 그리스인들의 복잡한 다신론 사이에서 삼위일체론은 그리스도교가 전하는 진리로 나아가는 길, 본질적으로 신비인 하느님의 존재를 받아들이는 길이 되었습니다.

서방 교회는 일찍이 삼위일체의 필요성을 인지하고 있었음에도 이 시기에 동방 교회의 영향을 받았고 아우구스티누스 시대에 이르러서는 테르툴리아누스의 '경륜적' 삼위일체론이 '내재적' 삼위일체론에 자리를 내주었습니다. 아리우스 논쟁의 여파 가운데 서방 교회는 동방 교회에 자신들의 전통이 사벨리우스주의가 아님을 보여 주고, 니케아 정식이 다른 어떤 정식보다도 적절하다고 설득해야 했습니다. 푸아티에의 힐라리우스Hilary of Poitiers와 그리스도교 신플라톤주의자였던 빅토리누스Victorinus는 삼위일체 교리에 대한 아우구스티누스의 고전적인 해설인 『삼위일체론』De Trinitate(399년~419년)이 나올 수 있는 토대를 마련했습니다. 테르툴리아누스 이래 서방 교회는 삼위일체를 가리킬 때 '세 위격 안에 한 분 하느님', 혹은 '세 위격 안에 한 실체'라는 표현을 썼지만 아우구스티누스는 이 표현의 난점을 잘 알고 있었습니다. 그래서 그는 '실체' 대신 '본질'essence이라는 말을 더 선호했고 '위격'이라는 말은 대체할 방법이 없어서 그대로 썼습니다. 그는 삼위일체를 일종의 집단으로 보는 것은 매우 부적절하다고 생각했습니다. 하느님은 오직 한 분이며 성부, 성자, 성령은 어떠한 의미로든 분리된 개체가 아니라고 아우구스티누스는 생각했습니다. 그에 따르면 성부, 성자, 성령은 서로에게 깃들어 있습니다. 각자 무한하고 영원하며 전능하고 완전하지만 세 무한자, 세 영원자, 세 전능자, 세 완전자 등이 있는 것이 아니라 오직 하나입니다. 그들의 계획, 활동, 의지는 하나고 서로 분리될 수 없다고 아우구스티누스는 강조했습니다. 그렇다면 성부, 성자, 성령은 어떻게 구별할 수 있을까요? 아우구스티누스에 따르면 이들은 실체상으로도, 우연적 속성으로도 구별되지 않지만 낳음, 태어남, 발현이라는 관계적 측면에서 구별됩니다. 여기까지 아우구스티누스의 논의는 카파도키아 교부들의 논의와 매우 비슷한 것처럼 보입니다. 하지만 그의 유비는 강조점이 다릅니다. 아우구스티누스는 보편과 특수의 관계가 삼위일체를 다루는 적절한 방법이라고 생각하지 않았습니다. 그는 존재하고, 알고, 의지를 가지는 인간의 경험이 삼위일체를 더 잘 이해하게 해 준다고 생각했습니다. 그렇게 아우구스티누스는 인간 영혼을 유비로 드는 방식을 선호했습니다. 인간 정신을 이루는 기억과 이해, 의지의 '내적' 삼위일체, 또는 정신 그 자체, 정신에 대한 앎, 그리고 정신에 대한 사랑의 삼위일체처럼 말이지요.

삼위일체의 모상은 한 인격입니다.

그러나 이것만으로는 충분하지 않았습니다. 삼위일체는 세 위격(인격)이면서 정신보다 더 불가분의 관계에 있기 때문이지요. 그래서 아우구스티누스는 지각 활동을 예로 들기도 했습니다. 인간의 지각 활동에서 지각의 주체, 지각 대상, 그리고 지각이 삼위일체를 이룬다는 것이지요. 이와 비슷하게 하느님은 사랑이시고 사랑은 사랑하는 이, 사랑받는 이, 그리고 그 사이에 존재하는 사랑의 구별 없이 존재할 수 없다는 이야기도 마찬가지입니다. 성령은 이러한 상호 간에 이루어지는 사랑이기에 성부와 성자 모두에게서 나옵니다. 물론 이런 모든 시도는 삼위일체의 본성을 이해하는 아주 기초적인 단계에 불과하다고 아우구스티누스는 생각했습니다. 세 위격을 구별해 주는 '관계'는 다른 개체 간의 '관계'와 같지 않기 때문입니다. 위격들은 서로에게 내재하며 모든 유비는 이를 미약하게나마 감지하도록 돕는 흐릿한 거울과 같다고 아우구스티누스는 말했습니다.

지금까지 살펴보았듯 서방 교회와 동방 교회 모두 신비로울 정도로 순전하면서도 복잡한 단일체로서 하느님의 존재를 정당하게 다루려 노력했습니다. 하지만 두 교회 사이에는 미묘한 강조점의 차이가 남게 되었지요. 여기서 우리는 중세에 동방 교회와 서방 교회가 교황제와 동방 정교회로 분열되는 징조들을 발견할 수 있습니다. 동방 교회는 아버지를 신성의 '원천'으로 보고 여기서 아들과 성령이 영원히 나온다고 생각했습니다. 하지만 아우구스티누스는 아버지와 아들 모두를 성령의 '기원'으로 보았습니다(이 장 마지막에서 '아들로부터'filioque에 관한 설명을 보십시오). 5세기 말에는 두 교회가 어느 정도 공통으로 받아들이는 신론이 등장했지만 말이지요.

사도 신경과 니케아 신경은 이 교리의 핵심 요소들을 언급했지만 이를 개념화하지는 않았습니다. 이른바 아타나시우스 신경Athanasian Creed은 그때까지 확립된 신론을 정확히 표현하려 한 최초의 신경입니다.

> 우리는 삼위 안에 한 분 하느님, 일치성 안에 삼위를 예배합니다. 위격들 간에 혼합도, 주체의 분리도 없으며, 성부의 한 위격, 성자의 한 위격, 성령의 한 위격이 존재합니다. 그러나 성부, 성자, 성령은 신성에 있어서 한 분이시요, 같은 영광을 받으시며, 위엄에 있어서 같이 영원하십니다. 성부께서 존재하시듯이 그렇게 성자께서도 존재하시고, 성령께서도 그렇게 존재하십니다. 창조되지 않으신 성부, 창조되지 않으신 성자, 창조되지 않으신 성령, 무한하신 성부, 무한하신 성자, 무한하신 성령, 영원하신 성부, 영원하신 성자, 영원하신 성령이십니다. 그러나 세 영원함이 있는 것이 아니라 하나의 영원함이 있습니다. 성부께서 전능하시듯이, 성자께서도 전능하시고, 성령께서도 전능하십니다. 그렇다고 세 전능이 있는 것이 아니라 하나의 전능이 있습니다. 성부께서도 하느님이시고, 성자께서도 하느님이시며,

성령께서도 하느님이십니다. 그렇다고 세 하느님이 아니라 한 분 하느님께서 계십니다. 성부께서 주님이시듯이, 성자께서도 주님이시고, 성령께서도 주님이십니다. 그렇다고 세 주님께서 계시는 것이 아니라 한 분의 주님께서 계십니다. 위마다 각각 하느님이시며 주님이심을 고백해야 하나, 세 분의 하느님이 계신다거나 세 분의 주님이 계신다고 말하는 것은 공교회 신앙에 어긋나는 것입니다. 성부께서는 결코 어느 누구로부터 유래하지 않으십니다. 창조되지도 태어나지도 않으십니다. 성자께서는 오직 성부로부터 만들어지시거나 창조되신 것이 아니라 오직 성부에게서 나셨습니다. 성령께서는 성부와 성자로부터 조성되시거나 창조되시거나 태어나신 것이 아니라 발현되셨습니다. 한 분 성부이시지 세 분의 성부가 아니십니다. 한 분 성자이시지 세 분의 성자가 아니십니다. 한 분 성령이시지 세 분의 성령이 아니십니다. 이 삼위 안에는 처음이나 나중이나, 크거나 작음이 없습니다. 삼위 모두 같은 영원성, 같은 동등성을 지니십니다. 그러므로 이미 언급한 것처럼 세 위격에 한 실체이시고 한 실체에 세 위격임을 반드시 믿어 예배할 것이며, 누구든지 구원받기를 원하는 사람은 삼위에 대하여 이와 같이 믿어야 합니다.

오늘날 독자들에게 이는 지나치게 난해한 문장으로 보이거나 무의미한 말장난으로 보일지도 모르겠습니다. 하지만 이 신경은 아우구스티누스가 도달한 고전적인 삼위일체론을 간결하게 요약하고 있습니다. 물론 대다수 신자는 하느님 하면 떠오르는 영적 활력을 이 신경이 전혀 담아내지 못한다고 생각할 수도 있겠지요. 또 지금까지 살펴본 논의 중 어떤 것들은 무미건조한 논리 연습이라 판단할지도 모르겠습니다. 그러나 이는 당시 일어났던 논쟁들이 얼마나 심각했는지를 간과한 것입니다. 논쟁에 참여하는 이들은 하느님이 그리스도 안에서, 그리스도를 통해 인류에게 드러내신 것, 인류에게 주신 것을 공정하게 다루기 위해 분투했습니다. 삼위일체 교리의 발전 과정에 대해 성찰해 보는 것은 어떤 지적 유희가 아닙니다. 우리는 이를 통해 신인동형론에 따라 만들어진 우상이 아닌, 성서와 그리스도교 전통이 전하는 초월적인 하느님을 알고 이해하는 법을 상상할 수 있게 됩니다. 동방 정교회에서는 삼위일체라는 신비가 전례의 핵심을 이루고 있습니다. 오늘날 대다수 서방 교회가 이 교리에 별다른 관심을 기울이지 않는 것은 매우 안타까운 일입니다.

교회는 성령론에 관심을 기울임으로써 참된 삼위일체론을 확립할 수 있게 되었습니다. 그런데 니케아 신경 마지막

부분에는 성령 다음에 죄를 용서하는 세례, 부활, 영원한 삶과 더불어 하나이고 거룩하며 보편적이고 사도적인 교회가 나오지요. 이는 성령의 활동 영역을 표현합니다. 물론 삼위 모두가 관여하지만, 교회와 성사를 통해 구원을 이루는 것은 성령입니다. 그렇다면 성령이 형성하고 성화하는 이 공동체, 즉 교회의 본성은 무엇일까요? 이 또한 초기 그리스도교의 주요 논쟁거리였습니다. 신약성서를 보아도 알 수 있듯 그리스도교인들은 자신을 '거룩한 선민'holy elect, 즉 정화되고 준비된 이들, 임박한 하느님 나라의 완성을 기다리는 이들로 여겼습니다. 놀라운 점은 심판의 마지막 날 구원받을 '의로운 남은 자'에 이방인들도 포함된다고 이야기했다는 점입니다. 이 작은 공동체들은 자신을 "하느님의 이스라엘", "첫 열매", "도래할 하느님 나라의 씨앗"이라 여겼습니다. 이 공동체의 구성원들은 그리스도 안에 속함으로써 부활과 구원을 보증 받았습니다. 그러나 요한의 첫째 편지에서 볼 수 있듯 임박한 종말에 대한 기대는 이루어지지 않았습니다. 그리고 교회는 자신이 세례를 통해 거룩하게 되었으므로 "완전"하며 죄가 없다고 주장하는 사람들 때문에 골머리를 앓았지요.

우리가 죄 없는 사람이라고 말한다면 우리는 자신을 속이는 것이고 진리를 저버리는 것이 됩니다. 그러나 우리가 우리의 죄를 하느님께 고백하면 진실하시고 의로우신 하느님께서는 우리의 죄를 용서하시고 우리의 모든 불의를 깨끗이 씻어주실 것입니다. (1요한 1:8~9)

이렇게 요한의 첫째 편지 저자는 아직 종말이 오지 않고 선민들은 아직 거룩하지 않다는 점을 분명하게 말해야 했습니다.

교회는 점점 더 세상과 긴밀한 관계를 맺었지만, 옛 이념이 완전히 사라지지는 않았습니다. 사람들은 세례를 받으면 더는 세상, 육체, 악마가 자신들을 위협하지 못하게 되며 이로부터 철저히 멀어지게 된다고 생각했지요. 문제는 세례 이후 세례받은 이가 저지르는 죄였습니다. 사소한 과실이나 불가피하게 잘못을 저질렀을 경우 교회는 공적 참회를 허용했습니다. 하지만 어떠한 경우에도 배신은 받아들이지 않았지요. 당시 교회는 심각한 박해를 받고 있었고 단결하는 것이 무엇보다 중요했기 때문입니다. 이러한 맥락에서 배교자, 살인자, 간통자, 일부러 죄를 지어 주님을 모독한 자는 세례받은 뒤라도 절대 용서받을 수 없다고 당시 교회는 가르쳤습니다. 한편, 어떤 이들은 순교를 두 번째 세례, 혹은 피의 세례로 보기도 했습니다. 이들은 그리스도처럼 순교자들의 순교는 다른 사람들의 죄를 대속할 수 있다고 믿었지요. 어떠하든 '거룩함'이야말로 '선민'을 나타내는 표시라고 당시 교인들은 생각했습니다. 오직 '순결한' 사람만이 성찬에 참여할 수 있었고 '죄인들'은 배제되었습니다. 그렇기에 어떤 이들은 매우 엄격한 금욕주의를 요구하기도 했습니다. (동방 교회에 속한) 알렉산드리아의 클레멘스는 (서방 교회에 속한) 테르툴리아누스보다 상대적으로 세상이 주는 유익, 편안함에 더 관대했지만, 금욕을 중시하고 도덕과 관련된 부분에서 타협을 거부해야 한다는 점에서는 일치했습니다.

데키우스Decius의 박해로 인해 촉발된 교회의 위기는 어떻게 이 이념이 살아남았는지를 보여 줍니다. 3세기 초, 교회는 지중해 주변 도시들, 마을에서 번성했던 것으로 보입니다. 심지어 교회가 재산을 갖기도 했지요. 사회는 점차 그리스도교를 받아들였고 교인 수는 급격히 증가했습니다. 현대 어떤 학자들은 이 시기 그리스도교인이 된 사람들은 명목상의 교인에 불과하다고 이야기합니다. 그러나 이는 오늘날 상황을 섣불리 과거에 투영한 것입니다. 물론 당시 개종한 사람 중 일부는 그리스도만이 주님이라는 가르침을 전혀 이해하지 못했을 가능성이 있습니다. 당시 대중은 삶의 여러 유익을 누리려면 여러 '신들'을 찾아가야 한다고 생각했습니다. 치유를 받고 싶으면 아스클레피우스Aesclepius를 찾고 불멸을 원하면 그리스도를 찾는 식이었지요. 이런 통념을 가지고 있던 이들은 세례를 성찬에 참여해 빵과 포도주를 먹고 마심으로써 영생을 얻게 되는 방법 정도로 여겼습니다. 하지만 교회에는 여전히 주님에 대한 절대적인 헌신과 절대적인 순결함을 요구하는 이들이 있었지요.

당시 데키우스 황제는 경제 문제와 군사 문제를 모두 안고 있었습니다. 위기에 처한 제국을 두고 그는 물었습니다. '왜 로마의 위대함이 사라져 버렸는가?' 그는 로마를 위대하게 만들어 준 '신들'을 향한 전통적인 믿음이 붕괴되었기 때문이라고 생각했습니다. 일부러 그리스도교인들만을 골라냈는지는 확실치 않지만, 250년경 데키우스는 그리스도교인들에게만 피해를 주는 칙령을 공포했습니다. 유대인을 제외한 로마 제국의 모든 사람은 로마의 신들에게 제물을 바치거나 향을 피워야 한다는 것이었지요. 과거 로마와 마카베오 왕조가 맺은 협정 덕분에 유대인들은 특별 대우를 받았고 로마법 아래서도 자신들의 종교적 양심을 지킬 수 있었습니다. 하지만 그리스도교인들은 오래전부터 자신들을 유대인도 그리스인(이때 그리스는 인종을 가리킨다기보다는 문화를 가리키는 것에 가깝습니다)도 아닌 '제3의 종족'으로 여겼지요. 그렇기에 데키우스의 칙령에 실질적인 영향을 받는 이들은 그리스도교인밖에 없었습니다.

그리스도교인들은 칙령에 순응할 수 없었습니다. 하지만 많은 신자는 로마 신들에게 제물을 바치거나 그렇게 한 것처럼 위장해서 증명서를 얻었지요. 교회 내 '순수주의자'들은 이에 경악했습니다. 훗날 '타락한 사람들'이 성찬에 참여하려 할 때 이들을 배교자 취급하고 참여하지 못하게 했지요. '연약한 형제들'이 위에서 언급한 태도(다신론 문화에 익숙한 태도)를 갖고 있었다면, 이러한 상황은 충분히 이해할 만합니다. 그들은 쉽게 실수했을 수도 있고 다시 받아주기를 요구했을 수도 있습니다. 이 칙령을 따른다고 해서 영원한 구원에 문제가 생기는 것이라 여기지 않았기 때문이지요.

북아프리카 카르타고의 주교인 키프리아누스Cyprian의 서신은 이 위기의 심각성을 잘 보여줍니다. 강경파는 전통을 등에 업고 있었지만, 키프리아누스는 점차 주교로서 긍휼을 실천해야 한다고 생각했습니다. 참회의 방식과 조건을 확립하기 위해 주교들의 합의를 끌어내려 노력했고 '타락한 이들'의 임종 시 이들을 교인으로 다시 받아들이는 것도 허용했지요. 물론 이는 어느 정도 불가피한 상황의 결과이기도 했습니다. 당시 그는 교회 내 권력 투쟁에 휘말려 있었습니다. 사람들은 누가 죄를 용서할 수 있는 권위, "매고 푸는" 권한을 지니고 있는지를 두고 다투었지요. 물론 근본적인 차원에서 죄를 용서하실 수 있는 분은 하느님뿐이라는 데는 이견이 없었습니다. 하지만 당시에는 데키우스의 칙령을 따르지 않아 재판을 기다리고 있는 '고백자들'confessors이 감옥에 있었지요. '고백자'나 '순교자'는 모두 '증인'이라는 뜻을 지니고 있지만 '순교자'와 달리 '고백자'는 아직 죽지 않은 이들이었습니다. 하지만 곧 사형을 당할 수도 있고, 광산에 노예로 끌려갈 수도 있고, 로마 해군에 넘겨져 노 젓는 일을 하게 될 수도 있었지요. 당시 로마법에 따르면 투옥은 형벌이 아니었습니다. 감옥에서 재판을 기다리는 이는 친척들과 친구들의 도움을 받곤 했지요. 신자들은 신앙의 영웅이었던 '고백자'들에게 접근할 수 있었고 교회에는 순교자들의 피가 대속의 힘을 갖고 있다는 믿음이 널리 퍼져 있었습니다. '타락한 이들'은 고백자의 동정심을 얻어 그들에게 사죄 증명서를 얻었고 이를 가지고 성찬에 다시 참여하게 해 달라고 교회에 요구했습니다. 누가 죄를 용서할 수 있는 권위, "매고 푸는" 권한을 지니고 있느냐는 논쟁은 바로 이러한 상황 가운데서 일어났습니다. 교회는 주교가 이 증명서를 거절할 권한이 있는지를 두고 논쟁을 벌였습니다. 키프리아누스는 박해 시절 잠적했기 때문에 고백자들보다 도덕적인 권위는 부족했습니다. 하지만 그의 판단은 일리가 있었습니다. 설교자들은 순교의 영광을 추구하는 것은 자살과 마찬가지로 잘못된 것이라고 오랫동안 이야기했으며 주교들에게는 여러 가지를 고려해야 할 책임이 있었습니다. 하지만 당시 순교자들의 권위는 박해를 피해 잠적한 이의 권위보다 더 커 보일 수밖에 없던 데다가 주교의 권위는 미약했고 이후의 주교들이 가진 권위는 키프리아누스의 활동을 통해 마련된 것이었습니다. 그래서 카르타고의 교회는 관용을 베푸는 정책을 채택하려는 이들과 엄격한 자세를 취하려는 이들로 분열되었습니다. 키프리아누스는 긍휼하는 마음으로 사람들을 징계해야 한다고 주장했지요.

이러한 일은 알렉산드리아와 로마 등 제국 전역에서 반복해 일어났습니다. 로마에서 주교가 순교하자, 엄격주의자 노바티아누스Novatian는 코르넬리우스Cornelius의 주교 선출을 반대하고 주교를 자칭했습니다. 이 노바티아누스파는 수 세기 동안 이어졌고 5세기 저술 활동을 했던 교회사가 소크라테스는 노바티아누스파의 높은 순수성에 존경심을 표하기도 했습니다. 그러나 코르넬리우스와 키프리아누스는 오래된 엄격주의 견해를 완화했고 주교 회의에서는 교회가 구원받은 선민들이 모이는 성소가 아니라 죄인들을 위한 학교라고 주장하면서 참회를 위한 적절한 제도, '타락한 이들'을 교회의 구성원으로 다시 받아들일 때 필요한 규칙들을 마련했습니다. 오래전 요한의 첫째 편지 저자가 깨달았듯 이 불완전한 세계라는 상황 가운데서 선민들의 거룩함은 유지되지 못했습니다. 좋은 씨와 가라지는 함께 섞여 자랐고, 방주에는 깨끗한 짐승과 부정한 짐승이 모두 있었지요. 이렇게 교회의 자기 이해는 도전을 받았고 순결함이라는 이상은 어느 정도 현실과 타협할 수밖에 없었습니다. 상황이 이렇게 되자 교회는 분열의 위기를 맞이했고 이 가운데 일치성을 강조하는 주장이 힘을 얻었습니다. 교회의 일치를 중시하는 이들에게 노바티아누스는 그리스도의 옷을 찢은 사람으로 보였고 이는 사실상 이단과 다를 바 없었습니다. 이 같은 상황에 키프리아누스는 「교회의 일치」De initate ecclesiae에서 교회 밖에는 구원이 없다고 주장했습니다.

> 그리스도의 교회를 떠난 사람은 그리스도의 보상을 받을 수 없습니다. 그는 외부인이고 추방자이고 적입니다. 교회를 어머니로 갖지 못한 사람이 하느님을 아버지로 가질 수는

없습니다. 노아의 방주 밖에 있는 누군가 죄를 면할 수 있다면, 교회 밖에 있는 사람 또한 죄를 면할 것입니다. (교회의 일치 6)

이러한 논리로 교회는 노바티아누스와 그의 추종자들을 축출했습니다. 이러한 축출을 통해 교회는 일치에 대한 믿음을 유지할 수 있었지요. 훗날 역사가들은 분열과 교파주의가 종교개혁 이후에 등장한 현상이라고 생각하는 경향이 있습니다. 하지만 이는 잘못된 판단입니다. 초기 교회는 자신이 하나이며 거룩하다고 주장했지만 실제로는 하나이지도, 거룩하지도 않았습니다. 그러나 이제 교회의 일치는 제국 전역에 있는 합법적인 주교들의 친교를 통해 유지된다는 이론이 확립되었습니다. 과거 이레네우스가 강조했듯 로마의 사도성 계승은 전통 교리의 참됨을 보장했고, 키프리아누스는 그리스도께서 베드로에게 권한을 위임한 일(마태 16:18~20)과 주교의 권위를 연결했습니다. 그렇게 그는 그리스도께서 주신 "매고 푸는" 권한을 가진 이는 순교자나 고백자가 아니라 주교라고 주장했습니다. 그리고 주교 회의가 참회의 적절한 조건 등의 사안을 두고 결정권을 갖게 되면서 주교들은 교회에서 더 강한 통제권을 행사할 수 있게 되었습니다. 주교단이야말로 교회의 일치, 보편성, 사도성을 대표하게 된 것이지요. 하느님은 한 분이며 그리스도, 주님도 한 분이고, 성령도 한 분이고, (지역) 교회의 주교도 한 사람이라는 생각이 힘을 얻었습니다. 주교는 지역 교회 회중의 일치의 끈이었으며 전 세계에 퍼져 있는 주교단의 일원이라는 면에서 교회일치의 끈이었습니다. 그렇기에 주교와 친교를 맺지 않는 이는 교회 밖에 있다는 이야기가 나오는 것이었지요.

50년 후, 디오클레티아누스Diocletian 황제가 그리스도교를 박해하자 북아프리카에서 유사한 논쟁이 다시 일어났습니다. 이때 황제의 칙령은 명백히 그리스도교 지도자들을 겨냥하고 있었습니다. 황제는 성서 사본을 모두 내놓으라고, 이 사본들을 불태워 버리겠다고 했습니다. 새 주교가 선출되었지만, 어떤 이들은 그를 주교로 뽑은 이들 중 한 사람이 성서를 넘긴 '배신자'라고 비난했습니다. 그리고 도나투스Donatus가 자신들이야말로 참된 교회이며 키프리아누스가 남긴 유산의 참된 상속자라 주장하는 집단의 지도자가 되었습니다. 다시금 '거룩함'이 논쟁 주제로 떠올랐습니다. 가시적으로 거룩하지 않은 이는 교회를 오염시킬 수 있으며 거룩하지 않은 사제가 전달하는 모든 것은 부패했다고 도나투스는 주장했습니다. 1세기 후 아우구스티누스는 여전히 교회일치를 위해 투쟁하면서 도나투스파는 보편적이지 않기 때문에 참된 교회가 아니라고 주장했습니다(실제로 이들은 특정 지역에 주로 있었으며 다른 교회들과는 친교를 맺지 않았습니다). 결국 그는 도나투스파를 축출하기 위해 이들에 대한 무력 사용과 국가의 박해를 정당화했습니다. 그리고 이는 치명적인 결과를 낳았지요. 이집트, 안티오키아 등지에서 사소한 교리 차이로 분열이 일어났고 이단과 분파의 구별은 자주 모호해졌습니다. 특정 사람들의 갈등으로 인해 교회가 분열되는 일도 일어났으며 어떤 경우에는 도덕이라는 잣대로 인해 분열이 일어나기도 했습니다. 이 경우에도 사람들은 상대를 향해 이단이라고 비난했습니다. 물론 지금까지 살펴보았듯 신경의 중요한 사항들을 두고 분열이 일어나는 경우도 있었지요. 하지만 자신들에게 유리한 교리가 무엇인지를 두고 다투다 분열하기도 했습니다. 이유가 무엇이었든 간에, 분열은 친교를 거부하는 행동으로 드러났습니다. 그리고 이는 성사의 본성에 대한 여러 문제를 야기했지요. 노바티아누스파, 도나투스파의 세례와 사제 서품은 유효할까요? 그들이 교회와 화해한다면 성사를 다시 할 수 있는 것일까요? 이러한 문제들에 대해 키프리아누스는 (예상할 수 있듯) 완강한 태도를 취했습니다. 그는 교회 밖에서 행한 의례는 유효하지 않다고 이야기했습니다. 도나투스파는 이 입장을 자신들에게 적용해 공교회의 성사를 인정하지 않았습니다. 그러나 키프리아누스와 코르넬리우스의 후임자 스테파누스Stephen는 이 문제를 두고 입장이 엇갈렸고, 아우구스티누스는 모호한 입장을 취했습니다. 아우구스티누스는 스테파누스와 마찬가지로 하느님의 은총은 사제의 순결함 여부에 의존하지 않는다고 보았습니다. 스테파누스의 경우 올바른 삼위일체 정식으로 행한 세례는 어디서 하든지 유효하며 다시 할 필요가 없다고 주장했습니다. 다만 이 세례를 확증하고 성령의 은사를 전하기 위해 주교의 안수가 필요하다고 이야기했지요. 아우구스티누스도 정통을 따라 적절하게 행한 성사는 유효하며 다시 반복할 필요가 없다고 주장했습니다. 하지만 그는 교회 밖에서 성사에 참여했을 경우 "그들에게는 사랑이 없으므로 아무런 유익을 얻지 못할 것"이라고, 아무런 효과도 없을 것이라고 덧붙였습니다. 성사는 받는 사람이 참된 교회와 일치를 이루고, 사랑을 나누며 친교를 맺을 때 효과를 낸다고 생각했던 것이지요. 이를 바탕으로 그는 도나투스파와 화해하려 노력했습니다. 도나투스파를 향해 보편 교회로 돌아오면 성령께서 일치와 평화로 감싸주실 것이고 도나투스파 교회에서 누렸던 그들의 지위 역시 인정받을 것이라고 말했지요. 키프리아누스의 교회론은 일관성이 있었으나 편협했습니다. 그래서 성령의 활동은 주교가 정한 공동체로 한정되었지요. 그와 견주면 아우구스티누스는 세계에서 하느님의 섭리가 이루어지는 방식에 대해 한결 더 넓은 이해를 갖고 있었습니다. 그러나 성사 집전자가 죄인이더라도 하느님은 이에 구애받지 않음을 강조했기에 성사의 유효성은 개인과 무관하게 되어버린 측면이 있었지요. 그럼에도 불구하고 아우구스티누스가 제시한 교회론의 초점은 그리스도의 몸인 공동체에서 이루어지는 사랑과 친교에 있습니다. 교회일치의 본질적인 징표는 사랑이라고 그는 강조했습니다. 안타깝게도 긴 시간 화해의 시도를 저버린 도나투스파에 대한 실망, 정부의 압력으로 인해 그는 자신이 제시한 이상을 저버렸습니다. 아우구스티누스는 이로 인해 유익을 얻는 것은 도나투스파이며 그리스도께서도 사람들을 강권해 잔치에 데려오라는 비유를 하셨다면서 자신의 선택을 정당화했습니다. 부모의 사랑은 처벌과 강압을 동반한다면서 말이지요.

이 모든 분열과 논쟁에도 불구하고 신경의 마지막 조항은 하나이고 거룩하며 보편적이고 사도적인 교회라는 이상을 표현합니다. 교회는 구원을 가능케 하고 부활과 영원한 생명을 주는 성령의 능력 아래 사랑과 평화로써 사람들이 하나를 이루게 합니다. 구원, 부활, 영원한 생명을 초기 교회가 어떻게 생각했는지에 대해서는 마지막 장에서 다룰 것입니다.

필리오케에 관하여

중세에 보편 교회는 동방 정교회와 서방 로마 가톨릭 교회로 갈라졌습니다. 1054년 교황 사절은 콘스탄티노플 총대주교를 파문했습니다. 그리고 1204년에는 십자군이 콘스탄티노플을 약탈해 커다란 피해를 입혔지요. 안 그래도 그리스어와 라틴어라는 다른 언어를 쓰고 있어 연락이 끊겼던 교회들은 이를 계기로 완전히 친교가 단절되었습니다.

당시에는 사소한 문제들이 부각되었지만 결국 중요한 문제는 교황 수위권Papal supremacy과 필리오케filioque('그리고 아들로부터'라는 뜻을 가진 라틴어) 문제로 압축됩니다. 서방 교회의 니케아 신경에 따르면 성령은 "아버지로부터, 그리고 아들로부터" 나옵니다. 그러나 동방 교회는 언제나 이 문구를 공의회의 승인을 받지 않은 부가물로 여겼지요. 이 구절은 에스파냐에서 유래했지만, 결국 교황이 인준해 서방 교회에서 보편적으로 채택했으며 종교개혁 시 개신교회들도 이를 받아들였습니다. 그러므로 교황 수위권 문제와 필리오케 문제는 서로 연관이 있습니다. 여전히 이 문제는 동방 교회와 서방 교회의 교회일치 논의에서 중요한 문제로 다뤄지고 있지요. 어떤 이들은 이 추가 문구로 인해 제기되는 신학의 문제가 그리 크지 않다고 보지만, 어떤 이들은 매우 커다란 차이를 낳는다고 봅니다. 분명, 동방 교회와 서방 교회가 각기 권위자로 받아들이는 카파도키아 교부들과 아우구스티누스의 차이는 과장된 면이 있습니다.

동방 교회 신학은 영원의 차원에서 이루어지는 성령의 '발현'과 시간 안에서 이루어지는 '파견'을 구분하면서 전자를 내재적 삼위일체, 후자를 경륜적 삼위일체의 측면으로 설명했습니다. 후자의 경우 성령이 "아버지와 아들로부터" 나왔다는 데 동방 교회는 동의했지만, 전자의 경우에는 카파도키아 교부들의 권위에 호소하면서 성부가 신성의 "원천"source, 혹은 "샘"fount이라고 주장했습니다. 즉 성부는 "원인"cause이고 성자와 성령은 그 원인에서 나왔다는 것이지요. 그들은 서방 교회의 교리가 삼위의 위계를 경륜의 차원까지 유지하며(따라서 신플라톤주의적이며), 위격들을 제대로 구별하지 못하고 있다고 염려했습니다. 성령을 성자의 도구로 봄으로써 세계에서 이루어지는 성령의 지속적인 활동을 올바르게 다룰 수 없게 될 위험이 있다는 것이지요. 서방 교회는 아우구스티누스의 선례를 따라 성령이 아버지와 아들로부터 발현한다고 이야기했습니다. 하지만 본래 아우구스티누스는 성부, 성자, 성령의 상호 동등한 관계를 강조했고 성령은 성부와 성자를 연결하는 끈이며 성부와 성자 모두에게서 나온다고 함으로써 상호 동등성을 보호하려 했습니다. 또한, 그는 삼위의 '원인'cause이 성부라 말함으로써 그의 '단일주권'을 보존했고 근본적으로 성령이 성부로부터 발현한다고 이야기했습니다. 성부는 '원천'이며 성령은 '하느님과 그리스도로부터', 달리 말하면 '성부로부터 성자를 통해' 나옵니다. 이는 카파도키아 교부들의 견해와 거의 다르지 않습니다. 그들도 성령을 하느님의 영이자, 그리스도의 영이라 말했지요. 하지만 이후 서방 교회의 호교론자들은 성령이 '한 원리로부터' 나온다고 이야기했고 이는 극복할 수 없는 차이를 만들어 냈습니다. 서방의 철학적 신학을 향해 우리는 삼위일체가 없는 유신론a-Trinitarian theism을 옹호하는 경향이 있다고 공격할 수 있습니다. 실제로 서방에서 통속적인 그리스도교 대중은 삼위일체 교리를 받아들이지 못하고 있지요. 한편, 이슬람교는 어느 정도 동방 그리스도교의 삼신론 경향에 대한 유일신론의 반작용이라 할 수 있습니다. 물론 이러한 일반화는 현실을 지나치게 단순화한 것일 수밖에 없습니다. 하지만 동방 교회와 서방 교회의 신학적 강조점 차이는 분명 역사에서도 차이를 낳았으며 이는 결코 무시할 수 없습니다. 그렇지만 그러한 차이점이 오늘날까지 이어지고 있는 분열을 정당화할 정도로 근본적인지는 다시금 생각해 보아야 합니다. 교회일치를 모색하고 있는 오늘날에는 더더욱 말이지요.

V
성육신하신 하느님의 아들

    지금까지 우리는 새로운 니케아 신학 이후 삼위일체 교리가 어떻게 정교화되었는지를 살펴보았습니다. 니케아 신경은 또한 심도 있는 그리스도론을 요구했습니다. 테르툴리아누스는 로고스가 보이지 않는 분의 보이는 형태라 말할 수 있었습니다. 니케아 신경 이전의 신학은 대체로 로고스를 초월자인 한 분 하느님과 다양한 피조물을 중재하는 존재로 보는 경향이 강했지요. 그러나 로고스가 성부 하느님과 동일 본질이라고 합의가 이루어지자 로고스를 눈에 보이고 물질적이며, 변화하고, 정념으로 가득 찬 세계와 연결하기가 어려워졌습니다. 성자 또한 성부와 마찬가지로 철저한 초월성을 지니고 있다고 보았기 때문이지요. 아리우스 논쟁은 이러한 문제점에 대한 논의를 포함하고 있었습니다. 아타나시우스의 저술에 따르면 아리우스는 그리스도의 약함, 혹은 무지를 암시하는 복음서 구절들을 바탕으로 로고스의 '피조성'creatureliness을 주장했습니다. 물론 그 역시 로고스가 선재하는 초자연적 존재이고 최초이자 가장 위대한 피조물이며, 하느님께서 그를 통해 만물을 만드셨다는 것을 믿었지만 말이지요. 성육신과 관련해 그는 예수라는 '육체' 안에 있는 로고스가 참 '인격'person이라고 전제했습니다. 고대 세계에서 많은 사람은 인간의 참 인격이 '육체' 안에 있는 영원한, 불멸하는 '영혼'soul이라 생각했습니다. 그 때문에 아리우스의 이해는 '가현론'으로 여겨지지 않았습니다. 어떤 면에서는 자연스러운 생각이고 불가피한 생각이었겠지요. 예수의 경우에는 로고스가 영혼을 대치한 것이라 생각했을 것입니다.

아리우스에 대한 아타나시우스의 답변을 보면 그도 똑같은 생각을 전제했음을 알 수 있습니다. 라자로의 무덤에서 예수가 눈물 흘린 일, 사마리아 우물가에서 지치고 목말라 한 일, 그리고 마지막이 언제인지 모른 일 등과 같은 피조물의 연약함을 아타나시우스는 '육체'의 탓으로 돌렸습니다. 그러나 여기서 로고스가 피조성을 갖고 있음을 추론해 내지는 않았지요. 그는 로고스가 성육신 때 연약한 육체에 자신을 내맡겼다고 이야기했습니다. 예수가 고난받은 것도 그의 '육체' 때문이라고 생각했지요. 그러나 여전히 본질적인 차원에서는 수난불가한 존재로 남아 있다고 이야기했습니다. 이를 두고 한 학자는 '우주복을 입은 그리스도'라고 말한 바 있습니다.[1] 어떤 곳에서 아타나시우스는 예수가 "우리의 상태를 모방하셨다"고까지 말했습니다. 그러나 그렇다고 해서 그의 주장이 가현론이라고 비난한다면 그는 강하게 거부했을 것입니다. 예수의 육체는 진짜였으며 참된 인간성을 내포하고 있다고 생각했기 때문이지요.

한편, 어떤 이들은 그리스도께서 인간의 영혼을 갖고 있었다는 옛 생각을 활용하면 아리우스의 주장이 제기하는 몇몇 문제들을 해결할 수 있다고 보았습니다. 그렇게 하면 연약함은 로고스의 오류 가능성 때문이 아니라 인간의 영혼 때문이라고 말할 수 있겠지요. 안티오키아의 에우스타티우스 Eustathius of Antioch는 "그리스도께서 영혼이 없는 몸만을 취하"셨다는 아리우스파의 이야기에 의문을 제기했습니다. 그리고 말했습니다.

---

[1] R. P. C. Hanson, *The Search for the Christian Doctrine of God* (T. & T. Clark 1988), 448.

하느님께서는 겉모습만 인간으로 오시거나 혹은 인간을 입
으신 척한 게 아니라 인간 전부를 완전히 취하셨습니다.

이를 바탕으로 그는 로고스는 여전히 수난불가하고 모든 곳
에 편재하지만, 로고스가 취한 인간, 로고스가 자신을 위해
지은 성전인 인간 예수는 태어나고 십자가에 못 박히고 죽은
이들 가운데서 일어나 영광스럽게 되었다고 주장했습니다.

학자들은 종종 에우스타티우스를 '안티오키아파', 혹은 사
모사타의 파울루스로 대표되는 '말씀-인간'Word-Man 그리스
도론 전통의 계승자로 봅니다. 이 전통은 발전을 이루어 아
타나시우스와 그 후계자들이 대표하는 '알렉산드리아파', 혹
은 '말씀-육체'Word-Flesh 전통과 충돌했습니다. 그리고 아리
우스 논쟁은 두 전통이 각기 나름대로 발전을 이루는 데 주
요한 계기가 되었지요(이를 보여 주는 근거는 많습니다). 논쟁은
서로 다른 반응을 끌어냈고 이 반응들은 결국 불화를 낳을
두 대조적인 그리스도론을 만들어냈습니다.

그리스도가 인간의 영혼을 지녔다고 이야기하는 것이 분
열의 결정적인 지점은 아니었습니다. 그리스도의 연약함을
인간 영혼 탓으로 돌리는 움직임은 거의 같은 시기 알렉산
드리아 전통에서도 발견되기 때문이지요. 이를 이야기한 사

람은 장님 디디무스였습니다. 그는 오리게네스 전통을 따르는 과묵한 학자였고 4세기에 일어난 논쟁에 거의 참여하지 않았습니다. 하지만 아타나시우스와 동시대인으로서 그 논쟁을 모두 알고 있었지요. 오리게네스도 그리스도 안에 인간의 영혼이 있음을 긍정했지만 그의 이론에서 영혼은 다른 기능을 했습니다. 오리게네스에게 영혼은 로고스와 인간 사이에서 성육신을 가능하게 만드는 '형이상학적 연결고리'metaphysical link였습니다. 디디무스는 오리게네스의 이러한 생각을 받아들였던 것으로 보입니다. 하지만 에우스타티우스처럼 그는 이를 다른 목적을 위해, 즉 예수의 연약함이 로고스의 피조성을 함축한다는 아리우스의 주장에 맞서기 위해 사용했습니다. 아타나시우스는 이 지점을 보지 못했을 것입니다. 그러나 그가 세상을 떠나기 전, 친구 라오디케아의 아폴리나리스Apollinaris of Laodicea의 가르침을 두고 논쟁이 일어났을 때 아타나시우스는 그리스도 안에 인간의 영혼과 정신이 있음을 받아들였던 것 같습니다. 그러나 문제의 본문은 아리우스주의를 반대하는 것으로 보이며, 어떤 경우에도 '인간의'라는 말을 명시하고 있지 않습니다. 아타나시우스는 (362년 알렉산드리아 주교 회의 때 나온) "(구세주의 몸은) 영혼도 감각도 지성도 없는 몸이 아니다"라는 구절을 두고 로고스가 저 생명과 이성의 특징들을 주었다는 뜻으로 해석한 것 같습니다. 이는 아폴리나리스가 같은 표현을 썼을 때 의미했던 바지요. 그리스도의 인격에 관한 아타나시우스의 기본 사고는 전혀 변하지 않은 것으로 보입니다.

영혼에 관한 문제는, 에우스타티우스 및 다른 사람들이 발전시킨 사상에 대한 아폴리나리스의 반응으로 인해 더 뜨거운 논쟁 주제로 떠올랐습니다. 아마도 아폴리나리스는 저 사상을 아타나시우스의 반反아리우스파 정책에 대한 위협으로 보았을 것입니다. 그는 계시자the Revealer가 '영감을 받은 인간'이 아니라 '성육신한 하느님'이어야 한다고 생각했습니다. 더군다나 그는 모든 정신은 '자기 방향성'을 지니고 있다고 가정했습니다. 그러므로 한 인격 안에 두 정신이 있는 것은 불가능하다고, 로고스와 인간의 영혼, 혹은 인간의 정신은 불가피하게 갈등을 일으킬 것이라고 보았지요. 인류를 구원하기 위해 필요한 것은 유혹과 연약함에도 실패하지 않는 '불변하는 정신'이라고 아폴리나리스는 생각했습니다. 그리고 이 같은 맥락에서 "인간이 셋으로 구성되어 있고 주님께서 인간이시라면, 그분은 영spirit, 혼(영혼)soul, 몸 이렇게 셋으로 구성되어 있다"고 말했지요. 물론 주님은 "천상의 인간이고 살아있는 영"이라는 말도 덧붙였습니다.

인간이 어떻게 구성되어 있느냐는 물음에 대한 아폴리나리스의 주장은 일면 모순적입니다. 그래서 그의 입장을 분명히 이해하기란 매우 어려워졌지요. 그는 이원론자였을까요, 아니면 삼원론자였을까요? 다시 말해 아폴리나리스는 인간이 몸과 영혼으로 이루어져 있다고 보았을까요(이때 그리스도의 영혼은 로고스가 대체합니다)? 아니면 몸과 영혼과 영으로 이루어졌다고 보았을까요(이때 영혼은 모든 피조물이 공유하는 생명의 자연 원리일 것이고, 그리스도의 영은 로고스입니다)? 이 논쟁은 결국 큰 문제가 되지 않은 것 같습니다. 당시 사람들은 인격 안에서 '방향을 제시하는 원리'에 더 관심을 기울였기 때문이지요. 아폴리나리스의 용어는 엄밀하지 않고 모호합니다. 그는 자신의 용어를 주로 바울 서신에서 가져온 것으로 보입니다. 아폴리나리스의 반대자들은 아폴리나리스의 견해는 결국 로고스가 인간 존재 전체를 취한 것으로 보지 않기 때문에 인간 존재 전체가 치유받을 수는 없다는 이야기로 귀결된다고 생각했습니다. 그래서 그들은 육신뿐만 아니라 정신도 구원받아야 한다고 선언했지요. 그러나 이는 아폴리나리스의 반발이 야기한 새로운 깨달음으로 보는 것이 적절할 것 같습니다. 이 논쟁 이전에 다른 모든 사람처럼 아타나시우스도 이와 관련된 논의의 필요성을 알지 못했습니다.

아폴리나리스의 반대자들은 아폴리나리스가 전한 가르침의 또 다른 부분에도 우려를 표했는데, 이 역시 아타나시우스의 사상에 뿌리를 두고 있습니다. 앞서 이야기했듯 아타나시우스는 구원을 신화deification, 혹은 신성화divinization로 이해했습니다. 이와 관련해 아폴리나리스는 하늘이 육신을 취했으며 로고스의 육신은 하늘에 선재한다고, 바울처럼 그는 "하늘에 속한 사람"이라고 가르쳤습니다. 아폴리나리스의 이러한 가르침이 정확히 무엇을 뜻하는지는 파악하기 쉽지 않습니다. 하지만 그의 적대자들은 그리스도의 육신이 영원하다는 생각을 논박하는 데 상당한 힘을 들였지요. 이들이 이처럼 노력을 기울인 이유는 로고스가 육신을 취했다는 말이 삼위일체가 '넷'이 될 가능성을 지녔기 때문일 수도 있습니다. 하지만 좀 더 근원적인 차원에서는 하느님의 로고스와 인간 육신의 결합을 만족스럽게 설명하기 위한 노력과 더 관련이 있겠지요.

아리우스 이후 상황에서 중재라는 오래된 관념은 더는 의미가 없었습니다. 그래서 아폴리나리스는 중재mediation를 둘 사이의 '중간'mean으로 재해석했습니다. 말과 당나귀의 중간은 노새, 흰색과 검은색의 중간은 회색, 겨울과 여름의 중간은 봄이라는 식으로 하느님과 인간의 중간이 그리스도라 말했지요. 그러나 안타깝게도 이는 희석된 신성과 절단된 인성의 기이한 혼합체를 뜻했습니다. 그래서 강한 반발을 낳았지요. 그러나 아폴리나리스는 이러한 표현을 쓰는 데 주저함이 없었습니다. 동정녀가 낳은 예수는 일종의 생물학적 별종이라 여겼기 때문이지요. 이렇게 '혼합'을 강조한 것은 그가 생각한 그리스도론의 핵심이 '영원한 육체를 입는다'는 생각이었기 때문입니다. 아폴리나리스는 육신이 하느님과 실제로 연합했고 따라서 "그분의 육체는 우리에게 생명"을 준다고 생각했습니다. 그렇기에 그리스도는 일종의 복합 단일체, 혹은 유기적인 연합을 이룬 독특한 중재자일 수밖에 없는 것이지요. 이러한 주장은 그리스도께서 인간의 영혼을 갖고 있음을 부정하는 것보다 더 강한 반발을 낳았습니다. 안티오키아파는 알렉산드리아파가 '위격 안에서의 (신성과 인성의) 결합'hypostatic union, 혹은 '본성의 결합'을 언급하면 '혼합'을 이야기한다고 의심했습니다. 이를 의식해 알렉산드리아파는 그리스도가 영혼과 정신이 있는 몸과 연합했다는 반反 아폴리나리스 표현을 자주 썼지만 안티오키아파는 이에 별다른 관심을 기울이지 않았으며 알렉산드리아파가 아폴리나리스주의자라는 의혹을 접지 않았습니다.

아폴리나리스와 동시대를 살았던 인물 중 타르수스의 디

오도루스Diodore of Tarsus가 있었습니다. 그는 안티오키아 전통을 발전시킨 인물로 알려져 있고, 최근 학계의 평가에 따르면 사실상 안티오키아 전통의 출발점입니다. 그는 아폴리나리스를 자극했던 것으로 보이고 아폴리나리스도 디오도루스를 자극했던 것으로 보입니다. 하지만 두 사람의 갈등을 이후 두 학파 간 갈등의 전조로 보기에는 무리가 있습니다. 복음서에 나오는 그리스도의 약한 모습을 그의 '육체' 탓으로 돌렸다는 점에서 디오도루스는 아타나시우스와 유사한 견해를 보였습니다. 그리고 그는 단 한 번도 테오도루스Theodore의 "인간의 몸을 취한 (로고스)" 정식을 쓰지 않았습니다. 그럼에도 불구하고 디오도루스는 로고스가 성육신 경험의 직접적 주체라는 주장을 거부했습니다. 그리고 이것이 안티오키아 학파의 특징이 되었지요. 이들이 보기에 고난을 받고, 죽고, 부활한 이는 로고스가 아니라 "다윗의 후손인 그분", 혹은 "마리아에게서 태어나신 분"이었습니다. 로고스는 수난불가하며, 불멸하며, 불변하기 때문이지요. 이러한 맥락에서 디오도루스는 로고스가 "태어나지 않"았고, 육신과 '혼합'되지도 않았다고 이야기했습니다. 그렇게 된다면 로고스의 본성이 손상된다고 생각했기 때문입니다. 같은 맥락에서 그는 그리스도의 "아버지와 같은 모습"은 "종과 같은 모습"과 구별되어야 한다고 생각했습니다. 그리고 이런 디오도루스를 두고 반대자들은 그가 "성자가 둘인 것처럼" 가르친다고 비난했습니다. 아폴리나리스와 디오도루스의 대립은 이후 일어난 갈등의 시작은 아니었던 것 같습니다. 그러나 갈등은 이어졌고 양측은 아폴리나리스와 디오도루스 시대부터 내려온 편견들을 완전히 제거하지 못했습니다. 알렉산드리아 학파는 안티오키아 학파가 "두 성자"를 가르친다고 보았고, 안티오키아 학파는 알렉산드리아 학파가 아폴리나리스가 이야기한 의미에서의 '혼합'을 가르친다고 보았습니다. 이러한 상호의심 가운데 동방 교회는 계속 분열되었습니다. '네스토리우스주의자'Nestorians로 낙인찍힌 이들은 페르시아로 추방당했고 안티오키아 학파 전통을 보존했습니다. 이후 이들은 아시아 전역으로, 인도와 중국까지 갔지요. 오늘날 이들은 주로 이란에 거주하고 있습니다. '단성론자'Monophysites로 낙인찍힌 콥트 교회(콥트 정교회)와 시리아 야곱파 교회(시리아 정교회)는 정교회the Orthodox와의 친교 없이 수 세기 동안 이슬람의 통치를 받았습니다. 오늘날 교회일치 운동은 이들의 고립을 끝내는 데 관심을 기울이고 있지요.

자료가 매우 단편적이기 때문에 실제로 디오도루스가 무엇을 가르쳤으며 어떻게 그러한 결론에 이르렀는지를 정확히 파악하기란 어렵습니다. 이는 몹수에스티아의 테오도루스Theodore of Mopsuestia도 마찬가지입니다. 정교회는 디오도루스와 테오도루스를 '네스토리우스주의자'로 여겼고 현재 이들을 정죄하는 글들만 보존하고 있습니다(여기에 이들의 글이 인용되어 있지요). 그러나 시리아어권 교회들, 특히 페르시아의 네스토리우스 집단에서는 테오도루스를 '해석자'The Interpreter라 부르며 존경했습니다. 그래서 테오도루스의 일부 저술은 시리아어 역본이 발견되었지요. 안타깝게도 가장 중요한 저술인 『성육신에 관하여』De incarnatione는 출판되기 전에 제1차 세계 대전이 일어나 소실되었습니다. 그래서 이 저술은 전체 본문에서 떨어져 나온 (반대자들의 비난이 정당한 것처럼 보이게 해 주는) 일부 단편만 남아 있지요. 물론 『교리교육에 관한 강해』Homiliae catecheticae와 같은 자료들에 비추어 테오도루스의 본래 의도를 어느 정도는 알 수 있습니다.

테오도루스는 하느님과 인간의 본성이 유사하다고 여기는 이들을 어리석기 짝이 없다고 여겼습니다. 영원과 우연 사이에는 거대한 간극이 있기 때문이지요. 그러나 하느님의 초월은 내재를 내포하고 있다고 그는 말했습니다. 무한자는 어디에나 존재하기 때문이지요. 로고스 또한 무한자의 보편성과 영원성을 지니고 있다고 그는 생각했습니다. 그는 아버지와 하나의 실체one substance이기 때문이지요. 로고스는 어디에나 있지만, 인간에 대한 호의로 특별한 행동을 취해 특정 장소에 있게 되었다고 테오도루스는 말했습니다. 로고스가 은총으로 사도들이나 자신이 선택한 백성과 함께 있었던 것은 바로 그 대표적인 예지요. 하느님-로고스는 특별한 호의, 혹은 당신의 뜻을 따라 성육신을 통해 인간을 취해 그와 연합했습니다. 하느님-로고스는 불변하기에 "육체가 되"었다는 말은 은유일 뿐이라고 테오도루스는 말했습니다. 그에게 성육신은 (육체가 아닌) 인간성을 온전히 취한 사건이었던 것이지요. 테오도루스는 하느님과 인간이 각자 자신의 역할을 감당할 때 구원이 이루어진다고 이야기했습니다. 이때 타락한 피조물을 회복하고 치유하기 위해서는 창조주 하느님의 은총의 활동이 필요합니다. 한편, 죄는 인간이 의지를 남용하여 일어났기 때문에 인간은 하느님께 순종하며 자신의 의지를 그분의 뜻에 맞춤으로써 완전함을 이루어야 합니다. 이 이중 과정이 예수 그리스도 안에서 로고스가 성육신함으로써 유일무이하게 일어났다고 테오도루스는 주장했습니다. 예수 그리스도는 참 하느님이자 참 인간이었던 것입니다. 그는 "두 성자"라는 표현을 싫어했습니다. 그러나 그는 출생, 행동, 고난은 인간성에 기인하며 신성은 이것들과 무관하다고 주장했습니다. 하느님-로고스는 은총으로 인간을 취해 그와 결합함으로써 간접적으로만 이것들에 관여했다는 것이지요. 그러나 연합에 대한 이러한 설명에 만족한 사람은 거의 없었습니다. 그가 제시한 구세주는 정신분열증에 걸린 환자처럼 보였기 때문이지요. 물론 이는 테오도루스의 사상을 공정하게 평가하는 것이라 보기는 힘듭니다. 키릴루스와 네스토리우스의 갈등으로 인해 이 논의들이 공개되자 테오도루스의 입장을 변호하는 것은 어렵게 되었습니다. 물론 5세기 초에 일어났던 주요 그리스도론 논쟁은 순수한 신학 논쟁이 아니었습니다. 당시 알렉산드리아는 급부상한 콘스탄티노플을 그리 달갑게 여기지 않았습니다.

키릴루스의 삼촌 테오필루스Theophilus는 초기 교회에서 가장 유명한 설교자인 요한 크리소스토무스를 축출했습니다. 그리고 키릴루스는 삼촌에게 이 전략을 배웠지요. 이 시기 콘스탄티노플은 상당한 영향력을 행사했습니다. 그곳은 '새로운 로마', 새로운 동방의 수도였으며 황제 콘스탄티누스가 많은 교회를 지은 곳이었기 때문이지요. 게다가 이곳의 주교는 황제에게 조언을 할 수 있었습니다. 하지만 콘스탄티노플은 알렉산드리아처럼 오래된, 사도가 세운 곳이 아니었지요. 그래서 권한과 지역 관할권을 확대하려는 콘스탄티노플의 시도는 많은 교회의 분노를 샀습니다. 크리소스토무스와 마찬가지로 네스토리우스도 설교가로 명성이 높았고 427년 안티오키아에서 콘스탄티노플로 와 주교가 되었습니다. 주교가 된 이후 그는 이단들을 맹렬히 공격하는 선동가로서 명성을 얻었습니다. 당시 네스토리우스는 젊고 활기찼으며, 키릴루스의 손에 놀아날 만큼 순진했습니다. 그러나 네스토리우스 논쟁이 신학의 알맹이가 없는 논쟁은 아니었습니다.

그렇다면 단지 용어의 문제일 뿐이었을까요? 양측이 그리 멀리 떨어져 있지 않았음에도 논쟁이 격화된 이유는 상대방에 대한 악의가 있었기 때문이 아닐까요? 아니면 언어 사용이 달라 불가피하게 서로를 오해한 것일까요? 이 논쟁을 두고 학자들은 종종 이런 질문을 제기하곤 합니다. 네스토리우스가 축출된 다음 키릴루스가 안티오키아의 요한John of Antioch과 재연합 문서에 합의했기 때문에 더더욱 이런 물음이 제기되지요. 하지만 이러한 요인들에도 불구하고 양측의 신학적 관심과 강조점에는 실질적인 차이가 있었습니다. 갈등은 불행했으며 불필요했는지도 모릅니다. 합리적으로 토론했다면 쓰라리기만 한 갈등보다 좀 더 나은 결과를 낼 수도 있었겠지요. 하지만 어떤 이들이 이야기하듯 아무것도 아닌 논쟁은 아니었습니다. 오늘날 남은 자료들을 살피면 서로 다른 진술을 하고 있기 때문에 논쟁이 정확히 어떻게 일어났는지 파악하기는 힘듭니다. 다만 분명한 사실은 논쟁 중인 두 집단이 네스토리우스에게 이를 해결해 달라고 요청했다는 것이지요. 두 집단은 마리아를 '테오토코스'Theotokos, 즉 하느님의 어머니로 불러야 하는지, 아니면 '안트로포토코스'Anthropotokos, 즉 인간의 어머니로 불러야 하는지를 두고 논쟁을 벌이고 있었습니다. 후자를 지지하는 이들은 하느님은 태어날 수 없으므로 마리아를 '하느님의 어머니'라 부른 것은 부당하다고 이야기했습니다. (20세기 초 『헤라클레이데스의 시장』Bazaar of Heracleides이라는 제목으로 발견된 시리아어 문서가 네스토리우스가 쓴 변증론이 맞다면) 몇 년 후, 네스토리우스는 '크리스토토코스'Christotokos, 즉 그리스도의 어머니가 적절한 칭호라고 말했고 이를 양측이 받아들였습니다. 아마 외부의 간섭이 없었다면 이렇게 해서 이야기가 잘 마무리되었을 것입니다. 하지만, 현재 남아 있는 설교문들을 보면 네스토리우스는 '하느님의 어머니'라는 표현은 완전히 배제한 것처럼 보입니다. 그리고 키릴루스는 그가 이 표현을 강하게 비판했다고 생각했지요. 논쟁 중에 쓴 편지들을 보면 네스토리우스는 '하느님의 어머니'를 받아들일 수 있다고 말했습니다. '동정녀를 여신으로 모시지만 않는다면' 이 표현에 반대하지 않는다고 키릴루스에게 고백했지요. 네스토리우스는 교류를 하면서 별다른 수완을 발휘하지 않았습니다. 그리고 키릴루스는 이 상황을 교활하게 활용했지요.

키릴루스와 네스토리우스가 주고받은 편지들은 5세기부터 수집한 교회 공의회 회의록Acta Conciliorum Oecumenicorum에 담겨 있습니다. 이 편지들은 양측의 입장뿐만 아니라 두 총대주교가 상대편 상황을 알기 위해 고용한 염탐꾼이 어떠한 활동을 했는지도 알려줍니다. 성모 마리아를 '하느님의 어머니'로 부르는 것에 대한 네스토리우스의 이의 제기는 키릴루스가 이집트에 있는 수도사들에게 거짓 가르침을 경계하라는 경고를 담은 편지를 보낼 구실이 되었습니다. 전투를 앞두고 병사들에게 경각심을 일깨웠던 것이지요. 거짓 가르침은 당연히 네스토리우스의 그리스도론을 가리켰고 이 소식을 들은 네스토리우스는 분개했습니다. 이에 키릴루스는 네스토리우스가 자신의 입장을 고려하지 않는다고 유감을 표했지요. 먼저 문제를 일으키고 혼란을 야기한 사람은 네스토리우스라는 것이었습니다. 심지어 교황까지 콘스탄티노플에서 일어나고 있는 일에 관심을 보였습니다(누가 이 상황에 주목하라고 말해 주었을까요? 당연히 키릴루스였습니다). 어떤 이들은 그리스도가 하느님이라고 고백하는 대신 하느님의 도구 혹은 "하느님을 담은 인간"이라고 말하기까지 했습니다. 이러한 상황에서 키릴루스는 네스토리우스에게 평화를 위해 성모 마리아를 '하느님의 어머니'라고 불러야 한다고 요구했습니다. 네스토리우스는 짧은 답장을 보내 침착하게 사태를 수습하려 했지만 상황은 결코 나아지지 않았습니다. 몇 개월 뒤 키릴루스는 그리스도론 문제와 관련해 더 상세히 기술한 편지를 썼습니다. 그는 니케아 신경부터 언급했습니다. 그리고 네스토리우스의 입장을 반대하는 이유는 그가 신경의 조항들을 신성에 관한 부분과 인성에 관한 부분으로 분열시키기 때문이라고 말했지요. 키릴루스는 모든 신경의 주제는 독생자인 하느님의 아들이라고 주장했습니다. 하느님의 아들은 성육신하셨고 인간으로 사셨으며 고난받으셨고 부활하셨으며 승천하셨다고, 달리 말하면 로고스는 이성을 지닌 영혼으로 생명을 얻은 육체와 결합해 하나의 위격$_{hypostasis}$으로 인간이 되었다고 말했지요(아폴리나리스의 주장과 비슷하다는 비난을 받지 않기 위해 키릴루스가 얼마나 애를 쓰는지 주목하십시오). 그리스도인은 수난불가한 로고스가 몸소 십자가에서 고난받으셨다는 신비를 확언해야 한다고 키릴루스는 역설했습니다. 그리고 이러한 맥락에서 로고스는 육체를 따라 한 여인에게서 태어나셨다고 그는 이야기했습니다. 물론 그녀가 로고스의 기원이라고 할 수는 없지만 말이지요. 성서는 로고스가 한 사람의 인격과 자신을 합쳤다고 이야기하지 않으며 육신이 되었다고 말하므로 성모 마리아를 '하느님의 어머니'라고 부르지 않을 수 없다고 키릴루스는 생각했습니다. 로고스가 어떻게 육체와 결합할 수 있는지는 "형언할 수 없고 상상할 수도 없지만", 신경에 따르면 로고스가 성육신의 전체 과정에 관여하고 있었지요.

이번에는 네스토리우스가 강경한 태도로 나왔습니다. 네스토리우스에 따르면 니케아 교부들은 신성이 수난 가능하다거나 하느님과 동등하게 영원한 분이 태어났다고 가르치지 않았습니다. "한 분이신 주 예수 그리스도, 그분의 독생자"라는 신경의 표현은 교부들이 한 분이신 주님이 분열되지 않도록 각 본성에 해당하는 이름을 조심스럽게 열거했음을 보여 준다고, 또한 그 본성들이 아들의 단일성으로 인해 혼동될 수 없음을 보여 준다고 지적했지요. 네스토리우스에 따르면 (논의에서 중요하게 다루어진) 필립비인들에게 보낸 편지 2장에 나오는 구절들도 같은 모습을 보이고 있었습니다. 그가 보기에 편지의 저자는 매우 신중하게 그리스도를 수난가능성과 불가능성을 모두 지닌 하나의 '프로소폰(얼굴, 인격)'prosōpon으로 묘사했습니다. 신성의 측면에서는 수난이 불가하고, 몸으로는 수난받을 수 있기 때문에 그리스도는 수난 불가능하기도 하고 수난가능하기도 하다고 네스토리우스는 말했습니다. 그에게 그리스도의 몸은 신성의 '성전'Temple이었습니다. 신성은 몸의 본성을 훼손하지 않으면서 몸과 결합했기에 출생, 고난 같은 것은 로고스가 아닌 인성에서 기인한다고 네스토리우스는 지적했습니다. 키릴루스는 이를 매우 불쾌히 여겼습니다. 그리고 갑작스럽게 이집트 주교 회의의 이름으로 '12개의 파문 조항'을 보내 네스토리우스에게 순종을 요구했지요. 그동안 키릴루스는 교황에게 이 주제와 관련된 여러 교부의 견해와 네스토리우스의 주장을 요약한 자료, 그리고 자신의 주장을 담아 보냈습니다. 430년 로마에서 열린 주교 회의는 네스토리우스에게 그의 주장을 철회하고 로마, 알렉산드리아와 같은 신앙을 고백하라고 요구했습니다. 편지를 받은 지 10일 이내에 응하지 않을 경우에는 파문할 것이라는 말도 덧붙였지요. 이 최후통첩은 다음 해 공의회로 황제가 소환 명령을 내림으로써 무산되었습니다. 그때까지 동방은 두 진영으로 나뉘었습니다. 안티오키아의 요한이 이끄는 동방 주교들은 '12개의 파문 조항'에 크게 분노했으며 사모사타의 안드레아스Andrew of Samosata와 키루스의 테오도레투스Theodoret of Cyrus는 재빨리 파문 조항을 논박하는 글을 썼습니다. 이에 다시금 키릴루스는 파문 조항을 정당화하는 글을 썼지요. 공의회는 많은 이에게 피해를 입히는 재앙이 될 운명이었고 실제로 그렇게 되었습니다. 공의회는 오순절에 에페소에서 열렸습니다. 키릴루스는 자신을 지지하는 사제들과 수도사들, 그리고 많은 주교와 함께 미리 에페소에 도착했습니다. 네스토리우스도 미리 왔지만, 그를 지지하는 동방 교회의 주교들은 제때 오지 못했습니다. 네스토리우스를 적대하던 에페소의 주교는 공의회 개최를 서두르던 키릴루스를 도왔고 공의회는 시작되었습니다(이미 예정한 때보다 늦게 시작되기는 했습니다). 공의회는 네스토리우스에게 참석해 그에 대한 고발에 답변하라고 요구했습니다. 하지만 네스토리우스는 당시 회의에는 자신을 적대하는 이들이 대부분임을 알았기 때문에 참석을 거부했습니다. 그러자 공의회는 그를 정죄했고 키릴루스는 판결문을 황제에게 보냈습니다. 이내 동방의 주교들도 도착해 따로 회의를 열었으며 신앙 고백을 작성하고 키릴루스를 파문했습니다. 그리고 마찬가지로 황제에게 판결문을 보냈지요. 그로부터 한 달 뒤 교황 대표단이 도착했고 교황이 전달한 사항을 키릴루스에게 보고했습니다. 교황은 키릴루스가 한 일을 승인했습니다. 키릴루스가 주도한 공의회가 세 번째 교회 공의회로 인정받은 것이지요. 안티오키아의 요한이 작성한 판결문은 거부당했습니다. 양측은 전혀 타협을 보지 못했고 황제의 대리인조차 이 상황을 해결하지 못했습니다. 이후 양측은 황실에 탄원 활동을 벌였습니다. 황제는 콘스탄티노플로 정식 대표단을 불렀으나 아무런 소용이 없었지요. 공의회는 해산되었습니다. 그러나 그사이 네스토리우스의 후임자가 정해졌고 네스토리우스는 주교직에서 물러났습니다.

사안이 이렇게 처리되자 안티오키아의 요한은 키릴루스에게 평화 협상을 제의했고 키릴루스는 이에 긍정적으로 반응했습니다. 433년 그는 요한이 보낸 신앙의 진술이 니케아 신경을 거스르지 않으며 니케아 신경의 의미를 충족하는 것이라고 인정했습니다. 상당한 반발 후에, 양측 대다수 주교는 재연합 선언을 받아들였고 테오도레투스도 마지 못해 네스토리우스의 주장을 포기했습니다. 그러나 논쟁을 야기한 문제들은 해결되지 못했지요. 안티오키아의 요한과 알렉산드리아의 키릴루스가 살아 있던 10년 동안 양측은 비교적 조용히 지냈습니다. 하지만 447년 테오도레투스는 신성이 인성을 흡수한다고 이야기하는 듯한 가르침을 전하는 사람들에 맞서 글을 썼습니다. 안티오키아의 새 주교였던 돔누스Domnus는 에우티케스Eutyches를 아폴리나리스주의자라고 비난하는 글을 황제에게 보낸 테오도레투스를 지지했지요. 에우티케스는 콘스탄티노플에 있던 한 수도 공동체의 지도자였으며 황실에 힘 있는 친구가 많은 사람이었습니다. 이러한 상황에서 돔누스가 보낸 편지는 다시 한번 네스토리우스를 비난하고, 네스토리우스의 견해에 동조하는 이들을 조치하는 계기가 되었지요. 알렉산드리아의 새 총대주교 디오스코루스Dioscorus는 네스토리우스의 오랜 친구인 티루스의 이레네우스의 주교직을 파면하고 테오도레투스 역시 해임했습니다. 그동안 콘스탄티노플의 총대주교 플라비아누스Flavian는 에우티케스를 지역 주교 회의에 불렀고 그를 파문했습니다. 에우티케스는 즉시 로마와 알렉산드리아, 그리고 다른 곳에 있는 주교들에게 도움을 청했지요. 다시금 양측의 갈등은 불가피해졌습니다. 그러나 이번에 로마는 과거와는 다른 편의 손을 들어 주었습니다. 교황 레오Leo는 에우티케스의 극단적인 입장을 받아들일 수 없었습니다. 에우티케스는 그리스도께서는 동정녀 마리아에게서 인성을 취했지만 그 인성은 우리와 같지 않다고, 성육신한 말씀의 신성이 이 인성을 흡수한다고 이야기했습니다. 이 주장은 아폴리나리스주의는 아니었지만, 아폴리나리스주의처럼 신성을 강조하는 알렉산드리아 학파의 극단에 해당했습니다. 에우티케스는 이 극단이 어떤 의미를 담고 있는지를 보여 주었지요. 서방 교회는 성육신 이전에 한 본성, 선재하는 아들의 한 본성만 있었지만, 성육신 이후에는 두 본성이 그리스도 안에서 결합되어 있다고 보았습니다. 이와 달리 알렉산드리아 전통에서는 결합 이전에 두 본성이 있었고 성육신 이후에는 한 본성만 있다고 주장했지요. 이 전통에 속한 이들은 칼케돈 공의회 이후에도 이 입장을 고수했습니다(그래서 '단성론자'Monophysite라고 불렸지요).

하지만, 놀랍지 않게도, 알렉산드리아의 디오스코루스는 에우티케스 편을 들었습니다. 이러한 동방 교회의 상황으로 인해 플라비아누스는 수세에 몰렸고 황제에게 신앙 고백을 제출해야 했지요. 449년 황제는 디오스코루스를 의장으로 하는 공의회를 에페소에서 열기로 결정했습니다. 이에 교황은 공의회에 참석하지 못한다고 양해를 구했습니다. 당시 로마가 혼란스러웠기 때문이지요. 410년 알라리쿠스Alaric가 고트족을 이끌고 로마를 약탈한 뒤 '야만인들'은 계속 로마를 위협하고 있었습니다. 대신 교황은 전통적으로 「레오의 교의 서한」Tomus Leonis이라고 불리는 서신을 플라비아누스에게 보냈습니다. 서방 그리스도론에 대한 해설을 담고 있는 이 서신은 이후 칼케돈 공의회에서 권위 있는 문서로 승인을 받았습니다. 하지만 당시에는 별다른 효과를 내지 못했지요. 공의회는 알렉산드리아를 지지하고 안티오키아의 돔누스를 고립시키는 방향으로 진행되었습니다. 가장 중요한 안티오키아 신학자인 테오도레투스는 교회 당국의 명령에 따라 자신의 시리아 교구에 갇혔습니다. 교황 대표단은 예우를 받았지만, 레오의 「교의 서한」을 낭독하거나 플라비아누스를 지지하는 것은 제지당했습니다. 혼란 가운데 공의회는 에우티케스의 복직과 플라비아누스의 퇴진을 추진했습니다. 교황 레오는 이 소식을 듣자 이 회의를 "강도 공의회"라 불렀고 로마에서 회의를 소집해 에페소 공의회 결정사항을 무효화했습니다. 그러나 황제 테오도시우스 2세는 에페소 회의와 그 결정을 승인했고 그가 세상을 떠나기 전까지 교황의 조치는 별다른 효과를 내지 못했습니다.* 이 사건은 교회 정책의 전면적인 변화를 초래했습니다. 새로운 공의회가 열렸지요.

새로운 공의회, 451년 칼케돈 공의회에서는 오늘날까지도 모든 서방 교회(로마 가톨릭과 개신교)와 동방 정교회에서 권위를 인정받는 하나의 그리스도론 정식을 만들어냈습니다.

---

* 결국 에우티케스는 복권되었으며 플라비아누스와 키루스의 테오도레투스는 면직되었다. 이후 플라비아누스는 군중에게 얻어맞고 3일 후에 세상을 떠났다.

하지만 동방 교회 안에서의 갈등은 회복되지 못했고 약 1세기 후에는 칼케돈파 교회와 비칼케돈파 교회로 분열되었지요. 니케아 공의회 때와 마찬가지로 하나의 신앙 정식으로 교회일치를 이루려는 시도는 즉각적인 문제를 낳았습니다. 그리고 칼케돈 공의회의 경우 후유증은 매우 오래 이어졌습니다. 서방 교회에서는 이를 인정하지 않는 경향이 있습니다. 하지만 오늘 우리는 생각해 보아야 합니다. 믿음의 획일성을 추구하는 일이 과연 정당한지 말이지요. 역사에서 교회가 이를 시도할 때마다 그 결과는 파괴적이었습니다. 게다가 교파 안에서, 그리고 교파들 사이에서 똑같은 문제들이 반복해 일어나는 것을 막지도 못했지요. 쟁점이 다르고, 논쟁 시 쓰는 용어가 다르더라도 과거 교회에서 일어났던 논쟁들과 근, 현대에 일어난 논쟁들 사이에는 기이한 유사성이 있습니다. 오늘날에도 많은 그리스도교인은 칼케돈 정식을 받아들이기보다는 아리우스처럼 생각하든지, 에우티케스처럼 생각하곤 합니다. 그리스도론을 이해하려는 대부분의 시도는 고대에 일어났던 갈등의 양극 중 한쪽으로 기울곤 하지요.

그래서인지 어떤 학자들은 칼케돈 정식을 경계선으로 보기도 합니다. 이 경계를 넘어서면 잘못될 위험이 있기 때문에 이 경계선 안쪽에서만 그리스도론을 탐구해야 한다고 말하지요. 한편, 이 정식을 일종의 정치적 타협물로 보는 이들도 있습니다. 칼케돈 정식은 일관성 있는 그리스도론이라기보다는 일종의 역설이기 때문이지요. 이렇게 보는 이들은 이제 칼케돈 정식을 넘어서야 한다고 이야기합니다. 일관성이 없을 뿐만 아니라, 이 정식에 내포된 생각들이 '낡은 본질주의 언어'로 이루어져 있다면서 말이지요. 이들은 이런 문제를 해결할 수 있는 좀 더 '역동적인' 범주를 찾거나 완전히 다른 문화, 철학 환경에서 나온 이 정식을 거부하고 다시 시작해야 한다고 제안합니다. 어떠한 길로 나아가든 우리는 우선 칼케돈 공의회가 이룬 성취가 무엇인지를 정당하게 평가하고 이 정식이 함축하고 있는 내용과 그중 영속적인 것이 무엇인지를 이해해야 합니다.

먼저 칼케돈 공의회에서 어떤 합의를 이루었는지를 살펴보도록 하지요. 공의회의 첫째 목표는 교회의 일치와 평화였습니다. 공의회에 참석한 모든 이는 325년 니케아 공의회에서 318명의 주교가 합의한 318명 신경, 즉 니케아 신경과 381년 콘스탄티노플 공의회에서 150명의 주교가 합의한 150명 신경, 즉 니케아-콘스탄티노플 신경을 받아들이기로 결정했습니다. 그들은 모두 이 신경이 신앙생활, 신앙의 가르침에 반드시 필요한 바를 담고 있으며 신성불가침으로 남아야 한다는 데 동의했습니다. 이것은 앞으로 또 다른 신경이 필요하지 않다는 뜻이기도 했습니다. 하지만 당시 일어난 논쟁의 여파로 공의회는 플라비아누스에게 보낸 레오의 「교의 서한」과 네스토리우스와 동방 주교들에게 보낸 키릴루스의 두 번째 편지를 신경만큼이나 교회에 필요한 문서로 받아들였습니다. 대신 그 목적이 네스토리우스와 에우티케스의 오류를 배제하기 위함이라고 분명히 밝혔지요.

> 공의회는 ... 알렉산드리아의 목자인 복된 키릴루스가 어처구니없이 주장하는 네스토리우스를 논박하는 데 의견 일치를 이룬 동방 주교들과 네스토리우스에게 보낸 교회 회의 서한들을 인가하였다. ... 공의회는 합당한 이유에서 옛 로마의 위대한 수장인 지극히 복된 거룩한 대주교 레오의 서한도 여기에 첨부하였다. ... 공의회는 성육신의 신비를 이중의 아들로 나누려고 하는 이들을 반대하며, 독생자의 신성이 수난가능하다고 감히 내세우는 이들을 사제직에서 물러나게 한다. 그리스도의 두 본성이 혼합되고 뒤섞이는 것이라고 날조하는 이들을 반대한다. 또한 그리스도께서 우리에게 취하신 종의 모습이 천상적이라거나 어떤 다른 본질이라고 무모하게 내세우는 이들을 추방하고, 주님께서 결합

되시기 전에는 두 본성을 지니셨고 결합되신 이후에는 한 본성을 지니셨다는 신화로 날조하는 이들을 파문한다.

공의회가 염두에 두고 있는 대상은 분명했습니다. 그리고 모두가 거부할 수 있을 정도로 극단적인 입장들이었기에 타협은 손쉽게 이루어졌지요. 하지만 합의된 진술은 더 나아가 무언가를 긍정하는 말을 하려 노력했습니다.

> 우리는 모두 거룩한 교부들을 따라 일치된 마음으로 우리 주 예수 그리스도를 한 분이시고 같은 성자이심을 고백하도록 가르친다. 그분께서는 신성에서 완전하시고 같은 분이 인성에서 완전하시며, 같은 분이 참으로 하느님이시고 이성을 지닌 영혼과 육체로 이루어진 인간이시다. 같은 분이 신성에 따라서는 아버지와 동일본질이시고 인성에 따라서는 우리와 동일본질이시며 죄 말고는 모든 면에서 우리와 똑같으시다. 같은 분이 한편으로는 신성에 따라 시대 전에 아버지에게서 나시고, 다른 편으로는 인성에 따라 마지막 날에 우리를 위해, 우리의 구원을 위해 동정녀이시고 하느님의 어머니Theotokos이신 마리아에게서 태어나셨다.
> 한 분이시고 같은 분께서 그리스도, 독생자, 주님이시며, 두

본성 안에서 혼합되지 않으시고 변화되지 않으시며 분리되지 않으시고 나뉘지 않으시는 분으로 인식되며, 이 외에도 결합으로 인해 본성들의 구별이 없어지지 않으시고, 오히려 두 본성의 각 속성이 보존되며, 하나의 위격과 하나의 실체로 결합되신다. 독생자이시며 하느님이시고 말씀이신 주 예수 그리스도께서는 두 위격으로 나뉘거나 분리되지 않으시며, 이전에 예언자들이 그분에 관해 그리고 예수 그리스도께서 친히 우리에게 가르치신 바와 같이, 그리고 교부들의 신앙 고백이 우리에게 전해 주었듯이 한 분이시고 같은 분이시다.

공의회는 (안티오키아 학파가 혐오했던) '혼합'을 피하면서도, (알렉산드리아 학파가 중시한) 예수 그리스도의 단일성을 분명하게 표현하려 했습니다. 그렇다면 이는 어디까지나 타협물에 불과한 것일까요? 이러한 노력은 얼마나 성공적으로 이루어진 것일까요? 여기서도 "두 본성 안에서"라는 표현을 두고 논쟁이 일어났습니다. 반反칼케돈주의자들은 이를 "두 본성으로부터"로 수정하기를 원했지요. 누군가는 이전 세기에 주교들이 '동일본질'과 '유사본질' 사이 이오타 하나를 두고 싸웠듯 전치사인 '안에'$_{en}$와 '로부터'$_{ek}$를 놓고 싸운다고 비웃을지도 모르겠습니다. 그러나 지금까지 우리는 표면상 사소해 보이는 차이가 어떠한 결과를 만들어내는지를 살펴본 바 있습니다. 안티오키아 학파에서는 결합 이후에도 두 본성이 계속 남아 있다고 생각했고 이를 서방 교회에서도 받아들였습니다. 그러나 알렉산드리아 학파는 이것이 '그리스도를 분열'시킨다며 불신했습니다. 하지만 알렉산드리아 학파가 제시한 대안을 안티오키아 학파에서는 의심했지요.

결합 이전에는 두 본성이 있었지만 결합 이후에는 그렇지 않다고 말한다면 이는 성자의 인성이 선재했다가 이후에는 '혼합'됨을 뜻하게 된다고 안티오키아 학파는 생각했습니다. 타협안으로서 "두 본성 안에서"라는 표현은 결국 실패할 운명이었던 것입니다. 하지만, 칼케돈 신경은 분명 신중하게 균형을 잡으려 한 시도의 산물이기도 했습니다. 이를 타협으로 본다 해도 말이지요. 공의회는 양측에 번갈아 가며 기회를 주었고, 양측 극단에 대항해 표지를 세웠습니다. 저는 이 신경이 순전한 정치적 타협물에 불과하다고 생각하지 않습니다. 그리고 순수한 역설, 당대 문화의 제약, 이를테면 고대 철학 용어와 문제에 얽매인, 이제는 낡아 무시해도 좋은 유산이라고 생각하지도 않습니다. 왜 그럴까요?

우선 이 모든 논쟁의 바탕에는 어떻게 하나가 동시에 둘

성육신하신 하느님의 아들 | 201

이 될 수 있느냐는 물음이 깔려 있습니다. 어떤 용어로 표현하든 간에, 예수를 하느님의 아들로 받아들인다면 이 질문은 자연스럽게 나올 수밖에 없습니다. 교회 안팎에서는 늘 이 주장의 타당성을 두고 의문을 제기했으며 이는 오늘날도 마찬가지입니다. 고대에 이 문제를 논의할 때는 포도주와 물의 결합이라는 유비를 자주 사용했는데, 이러한 화학 반응이 아니라 인격 혹은 인격들이라는 복잡한 존재가 관련된다면 문제는 더 어려워지지요. 오늘날에도 사람들은 별다른 의식 없이 예수가 참 인간이 아니고 참 하느님도 아니며 그저 하느님에게서 파생되어 나온 일종의 초자연적인 존재라는 의미에서 '예수는 하느님이시다', '그리스도는 유일무이한 존재이시다'라고 말하곤 합니다. 현대판 아리우스주의라고 할 수 있겠지요. 하지만 좀 더 깊게 들어가 본다면, 단순한 해결을 지양한다면 '예수는 어떻게 하느님임과 동시에 인간일 수 있는가?'라는 질문은 계속 남아 있을 수밖에 없습니다. 그리고 이 질문에 대해 그리스도교 전통은 언제나 예수 안에서 드러나고 그를 통해 활동하신 분은 진실로 하느님이라고, 또한 예수는 진실로 인간이었기에 우리와 관계를 맺고 궁극적으로 우리를 구원하실 수 있다고 말해 왔지요. 칼케돈 공의회는 바로 이 신앙의 두 근본을 보존하려 애썼습니다.

두 번째는 인간이라는 피조물의 입장에서 신성을 이해하기가 어렵기에 문제가 발생한다는 점입니다. 우리는 고대 그리스도교인들이 인격적인 용어를 쓰되 이를 유비로 제한하는 방식으로 하느님을 이해함으로써 신인동형론과 우상숭배에 대항하며 투쟁을 벌였다는 사실을 손쉽게 잊어버리곤 합니다. 안티오키아 학파식 사고의 중심에는 하느님의 초월성이 있었습니다. 그래서 하느님이 고난을 받는다는 생각을 불러일으키는 느슨한 표현들에 대해 우려하고 이와 씨름했지요. 그들은 하느님이 피조물과는 전혀 '다른' 분임을 알고 있었습니다. 하지만 이런 앎은 그리스도교의 또 다른 믿음, 즉 인간이 하느님의 형상으로 만들어졌고 하느님과 관계를 맺을 수 있을 만큼 그분과 친연성이 있다는, 이를 하느님께서 의도하셨다는 주장과 변증법적 관계를 유지해야 했습니다. 안티오키아 학파는 바로 이 문제와 씨름했고 본래 하느님께서 의도하셨으나 인류의 죄로 인해 산산조각이 난 인간과 하느님의 완벽한 연합을 그리스도께서 이루셨다고 보았습니다. 하지만 개념의 한계로 인해 이 전체 그림을 포괄하지 못했고 제한적으로나마 인간의 언어로 표현하려는 시도 역시 반대자들을 설득하지 못했지요. 바로 이 점이 문제의 핵심입니다. (외면상) 역설로 이루어진 칼케돈 신경은 이 모든 것에 관심을 기울이게 만드는 역할을 하지요. 인간의 언어로 표현한 신앙의 정식은 아무리 단순해 보이고 (적어도 정식이 만들어질 당시에) 많은 이가 만족할지라도 저 신비를 온전히 설명할 수는 없습니다. 그러나 적어도 이 정식은 단순하고 부적절한 설명이 어떤 면에서 부적절한지를 드러낼 수는 있습니다. 그렇기에 우리는 이 신경을 붙들고 계속 씨름할 필요가 있습니다. 칼케돈 신경은 단순한 역설이나 경계선 그 이상입니다. 이 신경은 그리스도론의 문제가 일종의 화학 작용과 같다는 잘못된 견해를 거부하면서 무언가를 가리킵니다. 신성은 피조 질서에 있는, 우리가 알고 있는 그 어떤 본성과도 같지 않으며, 단순히 두 피조물이 결합하는 방식과는 전혀 다른 방식으로 인성과 연합한다고 말이지요. 또한, 그리스도 사건은 그 자체로 신에 대한 관념, 그리고 신이 자신의 권능을 행사하는 방식에 대한 인간의 가정과 기대에 도전한다고 칼케돈 신경은 말합니다. 알렉산드리아 학파는 바로 이 점을 강조하려 했습니다. 수난불가한 존재가 어떻게 고통을 겪을 수 있느냐는 논쟁 이면에는, 생명의 원리인 하느님의 말씀이 어떻게 인간 삶의 한계를 경험하고 죽을 수 있는지 우리가 이해하지 못하더라도 말씀은 진실로 고통받고 죽었다는 그들의 확신이 있었습니다.

VI

우리와 우리의 구원을 위해

지금까지 다룬 논쟁들을 피상적으로 읽으면 다른 문화, 지적 세계에서 일어난 논쟁, 우리와는 별 관련이 없는 개념들, 언어를 두고 일어난 논쟁처럼 보일지도 모릅니다. 그리고 이 논쟁들에 대한 또 다른 피상적인 접근은 삼위일체론과 그리스도론에 대한 당시 그리스도교인들의 관심을 과장하는 반면 그들이 구원론에 대해서는 별다른 관심을 기울이지 않았다고 보는 것입니다. 신경이 된 교리들을 만들어 낸 논쟁들은 주로 구원의 복음을 보존해야 한다는 생각 때문에 일어났습니다. 교회 생활의 중심에는 구원이 현실화되고 있다는 믿음이 있었습니다. 그리고 같은 맥락에서 초기 그리스도교 신학의 중심은 저 구원의 성사적, 영적 현실을 감지하는 것이었지요. 교회는 구원의 말씀을 분명하게 표현하기 위해 성서와 교리를 활용했습니다.

최근 연구는 이러한 관점을 되찾았으며 이 책에서 제시한 설명 또한 이 관점을 반영하고 있습니다. 영지주의 논쟁이 그랬듯, 아리우스 논쟁, 네스토리우스 논쟁도 결국은 구원에 대한 관점들끼리 부딪힌 논쟁이라 할 수 있습니다. 성사들을 통해 "불멸의 약"을 얻는다는 고대 그리스도교 신자들의 믿음은 키프리아누스를 난처한 상황에 몰아넣었을 뿐만 아니라 신성과 육체의 결합을 옹호하는 알렉산드리아 학파가 자신들의 견해를 좀 더 밀어붙일 수 있게 해 주었습니다. 그들에게 성사는 신자들이 그리스도의 육체와 동화할 수 있게 해 주는, 그리하여 신화가 이루어지게 해 주는 길이었기 때문이지요. 여러 초기 교회사, 교리 형성사 책들은 신학 논쟁들에 초점을 맞추곤 합니다. 하지만 우리에게 전해 내려오는 방대한 자료들을 깊게 파고들면 파고들수록 당시에 신학 논쟁들이 교회의 주요 관심사를 이루었다는 생각은 섣부른 판단이었음을 점점 더 분명히 알게 됩니다. 이 자료들 중 대부분은 지금까지 이 책에서 다룬 논쟁들과는 거리가 먼 설교문, 성서주해, 교회 규칙이나 윤리 권고, 사목 차원에서 쓴 글, 영적 주제를 다룬 글들이 대부분입니다. 그리고 이 모든 자료는 그 배경이 되는 교회에서 이루어지는 삶을 드러내고 있지요. 전례, 영성, 윤리, 생활방식 등을 포함하는 삶과 교리 사이에는 밀접한 관련이 있습니다. 따라서 초기 교회가 구원에 대해 어떻게 생각했는지를 탐구할 때는 앞에서 다룬 내용을 다시 살펴야 합니다.

과거 학자들은 초기 교회가 구원에 대해 어떻게 생각했는지를 탐구할 때 소급 적용을 하는 경향이 있었습니다. 즉 초기 교회의 문화적, 신학적 상황에 관심을 두고 그 자체를 탐구하기보다는 후대에 나온 이론, 특히 중세에 정식화된 이론들의 전조를 찾으려 했지요. 이는 왜곡을 낳았고, 오늘날 학자들은 이를 바로잡으려 노력하고 있습니다. 초기 교회는 광범위한 주제들을 자주 심상, 상징으로 표현했습니다. 그리고 초기 교회 사상가들은 이를 다양한 '이론'으로 통합했지요. 이때 이론은 그들의 그리스도론에 바탕을 두고 있습니다.

이레네우스는 자신을 매우 보수적인 인물로 여겼습니다. 하지만 다양한 분야의 교리 발전에 선구자 역할을 했지요. 한 글에서 그는 말했습니다.

> 주님께서는 수난을 통해 죽음을 파괴하셨고, 오류에 종지부

를 찍으셨으며, 부패를 없애셨고, 무지를 몰아내셨고, 생명을 드러내셨고, 진리를 선포하셨고, 썩지 않을 것을 주셨습니다. (이단 논박 II. 20. 2)

이 문장은 당시 초기 교회가 그리스도의 구원과 관련해 다루었던 다양한 주제들을 포괄하고 있습니다. 초기 교회에서 그리스도는 성서에 나오는 표현 그대로 길이요 진리요 생명이었습니다. 같은 맥락에서 2세기 사도 교부들Apostolic Fathers, 그리고 호교론자들은 그리스도는 인간이 다다를 수 있는 가장 높은 도덕적 이상을 성취한 이, 삶의 올바른 길을 보여 준 이, 그래서 윤리 문제에 골몰하고 있던 당대 철학자들을 뛰어넘은 이라고 말했습니다. 당시 많은 사람은 덕virtue이 곧 앎knowledge이라고 생각했습니다. 무엇이 진정 선한지 아는 사람은 이를 행할 것이기 때문이지요. 따라서 그리스도교인들은 구세주가 오류에 종지부를 찍었으며 무지를 몰아냈다고 말할 수 있었습니다. 또한 그리스도가 자기를 통해 구현된 하느님의 진리를 인류에게 알려 주었다고 생각했습니다. 그렇기에 그는 철학의 참된 목표이자 우상숭배와 거짓 종교의 종말을 가져온 이, 영지를 쫓는 이들, 신비주의 구도자들이 열망하는 참 계시라고 주장했지요. 한편, 그는 생명과 불멸을 가져다 주는 이기도 했습니다. 그는 썩지 않을 것을 인류에게 주셨고 수난을 통해 죽음을 파괴했다고, 죽음을 통해 생명이 왔다고 그리스도교인들은 고백했습니다.

> 밀알 하나가 땅에 떨어져서 죽지 않으면 한 알 그대로 있고, 죽으면 열매를 많이 맺는다. (요한 12:24)

로고스 신학(3장을 보십시오)은 이런 주장들을 포괄하는 탁월한 '이론'이었습니다. 당시 사람들은 로고스를 우주의 질서를 구성하는 합리성이자 선, 생명의 원리로 여겼기 때문이지요. 이 로고스가 예수를 통해 육체가 되었고 우리 가운데 머물러 길을 보여 주고 진리를 드러내고 생명을 나누어 주었다고 초기 그리스도교인들은 믿었습니다. 이레네우스는 이 믿음의 내용을 모아 몇 가지 구절로 압축해 표현했지요.

> 헤아릴 수 없는 사랑으로, 그분은 우리가 자신과 같이 될 수 있도록 하기 위해 우리와 같은 인간이 되셨습니다. (이단 논박 V. 서문)

인간이 로고스와 연합하고 그분의 양자됨을 받아들임으로

써 하느님의 아들이 될 수 있도록 로고스는 인간이 되셨습니다. (이단 논박 III. 19)

앞에서 살펴보았듯 이레네우스는 창조의 선함을 부인하는 영지주의자들과 싸우고 있었습니다. 영지주의자들은 구원을 이 물질세계에서 탈출해 신성이라는 불꽃의 파편들이 본래 속한 영적 세계로 돌아가는 것으로 보았지요. 이에 맞서 이레네우스는 구원은 재창조re-creation라고 주장했습니다. 인류는 하느님의 본래 창조 목적에 맞게 회복되어야 한다고 생각했기 때문이지요. 이레네우스는 구원에 관한 '이론'을 제시했지만, 이는 이후 발전한 이른바 '속죄 이론들'atonement theories과는 상당히 달랐습니다. 자신이 물려받은 로고스 신학과 더불어 그는 '총괄갱신' 사상으로 앞에서 언급한 다양한 주제를 통합할 수 있었습니다. 아담은 도덕적, 영적으로 성장할 기회가 있었지만 잘못된 선택을 했기에 그리스도께서 우리와 같은 인간이 되셨고, '둘째 아담'으로서 인간의 성장 과정을 반복하셨다고 그는 이야기했습니다.

> ... 최초로 창조된 인간의 죄는 처음 나신 분의 징벌로 교정되었습니다. ... 그렇게 그분은 자기 안에서 만물을 갱신하

시며 성령과 인류가 연합하게 하십니다. (이단 논박 V. 19-21)

이레네우스는 세상 마지막 날에 회복이 완성될 것이라고 생각했습니다. 그는 영지주의자들의 '다른 세계' 관념을 거부했습니다. 이는 창조주 하느님의 권능을 통해 전 인격이 회복되는 몸의 부활을 뜻하지 플라톤주의자들이 가정했듯 (당시 대다수 사람이 이렇게 생각하지는 않았습니다) 영혼불멸을 뜻하지는 않습니다. 육체의 부활이라는 신경의 진술은 인간의 도덕적, 영적 차원과 더불어 육체적 차원도 치유되고 회복되어야 함을 확언합니다. 이러한 맥락에서 성찬은 (이레네우스의 표현을 빌리면) 피조 세계의 좋은 것을 감사를 담아 하느님께 되돌려 드리는 기쁨의 희생 제사라 할 수 있습니다. 그리고 성체와 성혈은 (이그나티우스의 표현을 빌리면) 성찬에 참여한 이들에게 불멸을 주는 '약'이라 할 수 있지요. 이러한 생각 저변에는 과거라는 잿더미에서 새 하늘과 새 땅이 일어나기를 바라는 유대 종말론적 희망이 흐르고 있습니다. 이레네우스는 그리스도의 몸에 참여할 때 이러한 희망을 갖게 된다고 생각했습니다. 우리가 그리스도처럼 될 수 있도록 그리스도께서 우리처럼 되셨기 때문입니다. 그렇기에 그는 구원을 매우 물질적인, 우리의 육체와 관련된 일로 묘사할 수 있었습니다.

이런 맥락에서는 성육신이라는 순전한 사실만으로도 구원은 거의 성취되었다고 할 수 있습니다. 하지만 더 나아가 그는 구원이 정화와 용서, 계시와 삶의 본木, 능력을 얻음, 치유와 회복뿐만 아니라 악의 정복과도 관련이 있다고 생각했습니다(초기 교회 모든 저자의 저술은 악마를 언급하고 때로는 매우 중요하게 다룹니다). 이레네우스는 하나의 그림 아래 교회에서 이야기하는 다양한 주제들을 영지주의 관점과 철저한 대비를 이루는 방식으로 통합했습니다. 이때 그리스도가 이룬 구원은 윤리, 생활 방식, 성사와 밀접하게 연결되어 있지요. 이렇게 이레네우스는 많은 전통적인 주제들을 통합했습니다.

초기 그리스도교 설교자들의 글을 보면 다양한 상징과 심상을 사용했음을 알 수 있습니다. 그들은 구약 성서에 나오는 상징, 심상을 활용해 그리스도의 의미, 그리스도가 인류를 위해 무엇을 했는지를 전했지요. 2세기 중반 사르데스의 멜리톤Melito of Sardes은 유월절, 출애굽 이야기와 그리스도가 이룬 구원을 연결했는데 이는 훗날 부활절 설교의 전통이 되었습니다(물론 신약 성서에 선례가 있습니다. 바울은 "우리들의 유월절 양이신 그리스도께서 희생되셨습니다"(1고린 5:7)라고 말했습니다. 요한 복음서에서도 이러한 병행 관계를 이끌어 내면서 수난 이야기를 전개하지요). 멜리톤은 하느님의 백성이 이집트에서 탈출한 사건과 어린 양의 피로 목숨을 구한 장면을 생생하게 묘사합니다. 그리고 아담의 타락, (이스라엘이 파라오의 종이 되었듯) 인류가 악마의 노예가 된 일, 그리고 그리스도의 피가 어떻게 인류를 구원하는지를 이야기하지요. 또한, 그는 아벨의 죽음, 이삭의 결박, 요셉이 팔려나간 일, 아기 모세를 강에 버린 일, 다윗이 박해받은 일과 같은 이야기들이 어떻게 그리스도의 구원을 예시하는지를 보여 줍니다. 이렇게 하나의 이야기를 다른 이야기로 이해하는 방법을 '유형론'typology라고 부릅니다. 이러한 맥락에서 이레네우스의 '총괄갱신' 이론도 일종의 유형론이라 할 수 있습니다. 아담의 이야기와 그리스도의 이야기를 나란히 놓고 대조하기 때문이지요. 이렇게 유형론을 활용함으로써, 즉 구약을 그리스도의 구원을 예고하는 (수수께끼 같은) 상징들을 담고 있는 본문으로 간주하고 그곳에서 각종 심상들과 상징들을 끌어다 씀으로서 그리스도교인들은 그리스도의 구원을 좀 더 분명하게 이해하고 표현하려 했습니다. 이렇게 구약에서 심상, 유형을 찾아내자 구세주 그리스도를 가리키는 '이름'과 '칭호'들 또한 발전했습니다. 수많은 이름이 그리스도교 설교에서 전통으로 자리 잡기 시작했지요. 이는 수많은 문헌에서 발견되며 오리게네스의 경우 『요한 복음서 주해』Commentarii in Ioannem에서 이 전통을 활용해 그리스도의 이름을 상세히 설명했습니다. 그는 로고스가 직접 언급한 이름들과 오직 우리를 위한 로고스의 이름들을 구분하고 싶어 했습니다. 여기서 중요한 점은 오리게네스를 포함한 초기 그리스도교 저술가들이 그리스도의 이름, 호칭을 우리의 구원과 관련지어 해석했다는 것, 구약과 신약 양쪽에서 이와 관련된 구절들을 인용함으로써 자신의 해석을 정당화했다는 것입니다. 오리게네스에 따르면 그리스도를 가리키는 호칭에는 다음과 같은 것들이 있습니다.

> 지혜, 말씀, 생명, 진리, 하느님의 아들, 의義, 구세주, 화목 제물, 세상의 빛, 죽은 사람들 가운데서 제일 먼저 살아나신 분, 선한 목자, 의사, 치유자, 구원자, 부활과 생명, 길, 진리와 생명, 문, 메시아, 그리스도, 주님, 왕, 포도나무, 생명의 빵, 처음, 마지막, 산 자, 알파와 오메가(처음이자 끝), 기원과 종말, 유대의 사자, 야곱/이스라엘, 목자, 매Rod, 꽃, 모퉁잇돌, 선택받은 활, 검, 하느님의 종, 어린 양, 이방인의 빛, 하느님의 어린 양, 보혜사(위로자 혹은 변호자), 하느님의 권능, 성화, 대제사장.

어떤 호칭은 위에서 살핀 주제들을 담고 있는 표현들이며,

어떤 호칭은 신약 성서, 특히 요한 복음서와 요한 계시록에 나오는 표현들입니다. 어떤 호칭은 예언서에서 메시아를 가리키는 것으로 간주되는 표현들이며, 어떤 호칭은 시편에 있는 상징들이지요.

오리게네스는 각 호칭을 로고스가 인간을 구원하는 활동과 연관이 있는 것으로 풀이했습니다. 어떤 면에서 이 풀이는 다소 혼란스러우며 정작 구원이 무엇인지에 대해서는 관심을 갖지 않는 것 같아 보이기도 합니다. 하지만 오리게네스가 이토록 상징을 풍부하게 사용한 데에는 나름의 이유가 있었습니다. 그에게는 하나의 '이론'이 있었지요. 오리게네스에게 그리스도는 '선한 것들의 집합체'이기 때문에 이 모든 칭호는 중요했습니다. 오리게네스가 쓴 저술들을 관통하는 핵심 개념은 하느님의 단일성과 피조 세계의 다중성이 구세주 안에서 하나가 되었다는 것이었습니다. 이렇게 그는 당시 중기 플라톤 철학의 고전적인 문제인 궁극적 일자와 다자 사이에 연결 고리를 마련했습니다. 같은 맥락에서 그는 속죄란 초월자인 한 분 하느님이 손상된 피조물과 다시 연합하는 것이라 생각했으며 피조물을 '제2의 하느님'이라 부르기도 했습니다. 오리게네스는 이에 대해 상세히 설명하지는 않았습니다. 그 결과 오리게네스의 해석자들은 각기 다른 방식으로 오리게네스 사상을 해석했고 그중 일부 요소를 가장 중요하다고 생각했지요. 오리게네스를 탁월한 지식인으로 본 이들은 그의 구원론의 핵심 개념이 계시와 교육이라고 해석했습니다. 또 다른 이들은 오리게네스 사상 전반에 흐르고 있는 생각은 죄, 죽음, 악마로부터 인간을 구원하기 위한 하느님의 사랑과 그분의 활동이라고 보았지요(악마는 생명의 원리 자체를 죽음 가운데 사로잡으려 했지만 도리어 자신이 사로잡히게 되었습니다).

오리게네스가 속죄를 중시했다고 본 이들도 있습니다. 그들은 오리게네스가 성서에서 희생을 통해 속죄하는 개념을 채택해 그리스도가 완전하고 충만하며 충분한 희생을 이루었다는 주장을 했다고 이야기했습니다. 각 해석은 모두 일리가 있습니다. 하지만 저는 오리게네스 사상의 핵심이 중보자 그리스도 안에서 하느님과 피조 세계가 연합해 만물이 다시 통합되고 본래 완전함을 회복하는 것이라 생각합니다. 이 해석은 앞서 언급한 해석들과 다르지만, 다른 모든 해석을 아우르지요. 오리게네스 사상의 전체 맥락을 염두에 둔다면 이때 통합은 영적 통합을 의미한다는 것을 쉽게 알 수 있습니다(3장을 보십시오). 그에게 물질세계는 교정의 역할을 하는 중간 영역이었습니다. 이에 따라 그는 부활을 '영화'spiritualization,

혹은 영혼불멸의 관점으로 이해하는 경향이 있었고 육체에 대해서는 상당히 양가적인 생각을 했습니다. 그러나 여기서도 우리는 구원론과 그리스도론이 밀접하게 연관되어 있음을 발견할 수 있지요. 구원을 이루기 위해 그리스도는 아버지와 하나여야 했고 피조물과 더불어 '선한 것들의 집합체'여야 했습니다.

그리스도를 존재의 위계에서 중재자 위치에 놓는 생각은 아리우스 논쟁 시 처음에는 지지를 받았으나 나중에는 거부되었습니다. 그러나 아리우스 논쟁의 승자인 아타나시우스가 제시한 구세주상 역시 다양했습니다.

> 그는 지혜로서 아버지와 함께 계셨고, 말씀으로서 아버지를 아셨고, 우주를 창조하시고, 형성하시고 질서를 부여하셨습니다. 그분은 아버지의 권능으로서 만물에게 존재할 수 있는 힘을 주셨습니다. ... 그의 거룩한 제자들은 만물이 그를 통해, 그를 위해 창조되었으며 선하신 아버지의 선한 자식이자 참 아들이고, 아버지의 권능이자 지혜이며 말씀이라고 가르칩니다. 그는 참여를 통해서가 아닌 ... 지혜 그 자체이시고 말씀 그 자체이십니다. 아버지의 권능이시고 절대적인 빛, 절대적인 진리, 절대적인 의, 절대적인 덕이십니

다. 참된 인이시며, 광채이시고 형상이십니다. 간단히 말해 그는 아버지의 가장 완전한 자녀이며 독생자이시며 아버지의 분명한 형상이십니다. … 그는 하느님의 말씀이자 지혜이시고, 피조물에게 아버지에 대한 지식과 생각을 주시기 위해 피조물처럼 자신을 낮추셨습니다. 그는 완전한 거룩이자 완전한 생명이십니다. 그는 문, 목자와 길, 왕, 인도자이시고 만민의 구주십니다. 그는 생명을 주시는 분이시고 빛이시고 우주의 섭리이십니다. (이교인 반박 연설Oratio contra gentes 46~7)

여기서도 우리는 한 이론이 저변에 흐르고 있음을 발견할 수 있습니다. 개별적인 것은 초월적이며 절대적인 것들, 혹은 이데아들과 전적으로 다르지만 그런 절대적인 것들에 참여함으로써 '거룩'하게, '의'롭게, '지혜'롭게 될 수 있다는 것입니다. 이는 플라톤의 기본 생각이기도 했습니다. 하느님의 로고스는 중재자가 될 수 없다고 아타나시우스는 생각했습니다. 그는 모든 절대적인 것들을 포괄하는 초월적 절대자이며 따라서 하느님과 하나라고 보았기 때문입니다. 창조주와 피조물의 분명한 경계에서 로고스는 창조주 하느님에게 속한다고 아타나시우스는 생각했습니다. 그에 따르면 피조물들은 이 절대자에게 참여함으로써 거룩, 선과 같은 자질을 얻을 수 있습니다. 그러나 이 과정은 참여하는 개별자들과 전적으로 다른 절대자에게 의존합니다. 절대자는 특정 '자질'이 아니기 때문입니다.

그의 두 번째 책 『성육신에 관하여』를 읽다 보면 우리는 아타나시우스가 구원을 재창조로 이해하고 있음을 알게 됩니다. 창조 당시 인간은 이성과 생명의 원리인 로고스를 받았기에 절대적인 것들에 참여할 수 있다고 그는 말했습니다. 하지만 아담의 불순종으로 인해 인류는 자신이 받은 것을 상실했고 그들이 창조되었던 무로 다시 떠내려가게 되었습니다. 하느님은 진퇴양난에 처하게 되었습니다. 불순종이 죽음을 초래한다는 자신의 경고를 철회하면 그분의 온전함이 깨지게 되고, 그렇지 않으면 창조의 바탕인 그분의 선함과 사랑이 위협받게 되기 때문이지요. 이에 대한 유일한 해결책은 바로 로고스의 성육신이었습니다. 이를 통해 인류에게 이성과 생명의 원리를 다시 줄 수 있기 때문이지요. 그렇기에 성육신으로 인해 우상숭배와 무지, 죄와 죽음은 극복되었고 개별 인간들은 하느님의 완전한 자녀가 될 수 있게 되었다고 아타나시우스는 말했습니다.

우리가 하느님이 될 수 있도록 그분은 인간이 되셨습니다.

(성육신에 관하여 54)

아타나시우스에게 구원은 신화, 혹은 자녀됨huiopoiēsis이었습니다. 그러나 그는 구세주가 하느님이나 하느님의 아들인 것과 같은 의미로 구원받은 이들이 '하느님'이나 하느님의 자녀가 된다고는 생각하지는 않았습니다. 구원받은 이들은 입양된 자녀로서 로고스에 속한 자녀됨, 혹은 신성에 참여한다고 그는 말했습니다. 여기서도 우리는 구원론과 그리스도론 논쟁이 밀접한 연관이 있음을 알 수 있습니다. 아타나시우스는 아버지와 동일본질인 로고스 혹은 아들만이 구원을 보장할 수 있다고 생각했습니다. 학자들은 이런 그의 견해를 종종 육체적인 구원론이라 평가하지요. 그의 논의에서는 성육신 자체가 구원에 영향을 미치기 때문입니다. 같은 맥락에서 서방 교회의 비평가들은 종종 아타나시우스가 죽음을 죄보다, 성육신을 십자가보다 더 중시한다고 이야기합니다. 그러나 이러한 평가는 잘못되었습니다. 아타나시우스는 죽음이 인류를 지배하게 된 것은 죄 때문이라고 분명히 말했습니다. 필멸성은 죄의 결과인 것이지요. 그리고 이를 극복하기 위해서는 단순한 참회나 용서 이상의 무언가가 필요하다고 그는 생각했습니다.

게다가 아타나시우스는 오직 그리스도의 희생, 죽음만이 인간을 죽음과 죄로부터 구원할 수 있다고 분명하게 말했습니다. 그리고 다른 교부들과 마찬가지로 그 역시 하느님이 인류를 손아귀에 넣고 괴롭히는 악마와 그 세력들을 이기신다고 생각했습니다. 하느님만이 만물의 원천이시고, 하느님의 명령이 깨진 것이 문제의 발단이기 때문에 궁극적으로 책임은 하느님에게 있다고 믿었지만 말이지요. 그는 하느님의 자비와 사랑으로 인해 그분의 의와 신실함이 위협받음을 알았습니다. 이렇게 아타나시우스는 그리스도교 전통의 주제들과 상징들을 통합했습니다. 그는 속죄에 대한 하나의 체계적인 '이론'에 가장 가까이 다가간 사람이었습니다. 플라톤 사상의 특징을 지닌 아타나시우스의 이론은 개별자들이 절대자에게 참여한다는 생각을 강조함으로써 오리게네스의 중재 이론을 발전시켰습니다. 재창조와 창조의 회복을 강조한다는 점에서 그의 이론은 이레네우스의 그림과도 유사한 면이 있습니다.

보통 아타나시우스의 접근법은 동방 그리스도교의 접근법을 형성했다는 평가를 받습니다. 그를 통해 신비 체험, 성사를 통한 체험은 구원론의 측면으로, 신학적으로 표현할 수 있게 되었습니다. 아타나시우스는 '신화'를 강조하면서 그리스도의 희생보다는 성육신과 부활에 좀 더 초점을 맞추었습니다. 하지만 그렇다고 해도 그리스도의 죽음은 결코 하찮은 것이 아니었습니다.

초기 그리스도교 신학자들은 그리스도의 죽음을 두 가지 방식으로 이해했습니다. 하나는 그의 죽음이 하느님의 분노를 가라앉히기 위한 희생이었다는 것입니다. 이를 뒷받침하는 성서 구절들이 일부 있었고 요한 크리소스토무스 같은 설교자들은 이러한 생각을 적극적으로 활용하기도 했습니다. 하지만 이는 본래 뇌물의 성격을 띤 희생 제물을 바쳐 신들을 진정시킨다는 이교도의 가정에 뿌리를 두고 있지요. 이러한 생각 외에, 이러한 생각과 긴장 관계를 이루면서, 교회에서 더 널리 퍼져 있던 생각은 그리스도의 죽음이 악마와 악의 세력을 정복하는 수단이라는 것이었습니다.

사탄의 현실성을 생생하게 감지하는 것은 유대 묵시 문학의 유산이었습니다. 이는 분명 신약 성서와 2세기 그리스도교에 커다란 영향을 미쳤지요(이때는 영지주의 경향을 띠고 있지 않았습니다). 당시 그리스도교인들은 인류가 곤경에 처한 이유는 유혹자인 사탄의 꼬임에 넘어갔기 때문이라고 보았고 이 세상은 초자연적인 악의 세력의 지배 아래 있다고 생각했습니다. 골로사이인들에게 보낸 편지 2장 15절에서도 그리스도께서 "권세와 세력의 천신들을 사로잡아 그 무장을 해제"했다는 것과 십자가의 죽음을 연결하고 있지요. 아주 이른 시기부터 그리스도교인들은 인류를 노예 상태로부터 벗어나게 하기 위해 하느님이 악마에게 몸값을 치르셨다고 이해했습니다. 신자들은 순교자들이 그리스도의 편에 서서 계속되는 투쟁에 참여하고 있다고 여겼으며 수도원 운동이 일어나자 그 역할을 수도사들이 이어받았다고 생각했지요. 아타나시우스(혹은 익명의 작가)가 『안토니우스의 생애』Vita Antonii에서 묘사한 바에 따르면, 금욕주의자들은 마귀들과 싸우기 위해 그들의 거주지인 사막으로 갔습니다. 또한, 『성육신에 관하여』의 긴 개정판에서 아타나시우스는 그리스도께서는 공중에 매달려 악의 세력들을 정화하기 위해 십자가에 달려 죽으셨다고 말했습니다. 그렇다면 이는 구체적으로 어떠한 효과를 내는 것일까요? 당시 많은 사람은 본능적으로 이를 퇴치로서의 희생, 즉 악령을 쫓아내는 의식이나 제사로 이해했을 것입니다. 별다른 설명을 필요로 하지 않았겠지요. 유월절 양의 피 때문에 죽음의 천사가 접근하지 못했다는 '유형'만으로도 이를 이해하기에 충분했습니다. 하지만 몇몇 교부들은 이를 설명하려고 노력했습니다. 어떤 이들은 아담이 죄를 지었을 때, 그 죄로 인해 악마가 인류에 대한 권리를 갖게 되었다고 생각했습니다. 도덕적인 하느님은 그 권리를 존중했고 그와 거래를 시도한 것이라고 보았지요. 어떤 이들은 하느님의 구원 활동, 넘치는 사랑의 활동의 관점에서 이를 해석하기도 했습니다. 그들은 하느님은 인류를 사랑하시기에 속이는 자(악마)를 속이셨다고 말했습니다. 인류를 손아귀에 넣었기에 악마는 죄에 대해 사형을 집행할 수 있었습니다. 이런 악마에게 하느님은 낚시꾼처럼 미끼를 던지셨고 악마는 이를 좇아 삼키려 했습니다. 그러나 미끼였던 분은 죄가 없으시고 생명의 원리 그 자체였기 때문에 죽음은 그분을 삼킬 수 없었습니다. 그래서 악마의 권세는 그분의 부활로 인해 박살이 났습니다. 흥미로운 점은 오리게네스나 니사의 그레고리우스처럼 학문적으로 가장 탁월한 교부들이 이러한 생각을 품고 있었다는 것입니다. 아마도 그들은 그리스도의 희생으로 하느님의 분노를 가라앉혔다는 전통에 불편함을 느끼고 이에 맞서 하느님의 사랑을 강조하려 했던 것 같습니다.

하지만 어떤 이들은 도덕적, 신학적 이유를 들어 악의 세력이 어떻게 파괴되었는지를 다룬 위와 같은 설명들을 받아들이지 않았습니다. 어떤 면에서 이들은 중세 안셀무스

Anselm의 보상설을 거부한 이들, 속죄 교리를 신화로 간주한 수많은 현대 역사가들의 선구자라 할 수 있습니다. 이를테면 나지안주스의 그레고리우스는 악마가 그리스도를 몸값으로 받았다는 당시 통념을 터무니없는 생각으로 여겼습니다. 그는 물었습니다. '그렇다면 어떻게 하느님께 제물을 드릴 수 있겠는가?' 인류의 구원은 노예 상태에서 하느님에게로 가는 것이 아니라고, 또한 하느님은 구원을 위해 누군가의 희생을 필요로 하지 않으시며, 이를 기뻐하지도 않으신다고 그레고리우스는 생각했습니다. 이에 맞서 그는 아버지께서는 "경륜 때문에", 즉 하느님의 인성을 통해 인간을 거룩하게 하고, 폭군을 정복하며 당신의 아들을 통해 우리를 자신에게로 인도하려는 당신의 "구원 계획" 때문에 그리스도의 죽음을 받아들이셨다고 이야기했습니다. 여기서 그레고리우스는 훗날 아타나시우스가 내비친 견해를 말하려 했던 것처럼 보입니다. 앞서 언급했듯 대다수 연구자는 아타나시우스가 '육체적인' 구원론을 제시하고 있다고 보았습니다. 이와 달리 구스타프 아울렌Gustav Aulen은 아타나시우스를 악의 세력을 이기는 '승리자 그리스도' 사상의 주창자로 보았지요. 앞서 살펴보았듯 아타나시우스는 하느님은 만물의 원천이시기에 궁극적으로 피조 세계에 있는 악에 책임이 있다고 보았습니다. 이러한 맥락에서 십자가는 하느님이 당신의 신실함과 사랑, 자비와 정의를 화해시키는, 일종의 '자기 화해'self-propitiation 사건이었습니다. 그러나 이는 하느님이 망가진 피조물을 재창조하는, 구원하고 치유하는 커다란 과정의 한 측면일 뿐입니다.

지금까지 간략하게나마 교부들이 구원을 어떻게 이해했는지를 살펴보았습니다. 이제 이를 바탕으로 속죄 교리의 역사에 대해 말하는 학자들의 견해, 교부시대의 자료들에서 후대 교리의 전조를 발견할 수 있다는 견해를 살펴보지요.

20세기 초에는 로마 가톨릭이든, 개신교든 이른바 '보수주의자'들과 '진보주의자'들이 갈등을 벌이는 가운데 초기 교회사가 쓰였습니다. 보수주의자들은 중세 안셀무스가 분명하게 제시한 '형벌 대속'penal substitutio의 전조를 초기 그리스도교 자료들에서도 발견할 수 있다고 주장했습니다. 이때 형벌 대속이란 그리스도께서 우리를 대신해 자신을 희생하셔서 하느님의 정의를 만족시키시고 인류를 그분의 심판에서 구하셨음을 뜻합니다. 하지만 이는 안셀무스가 실제로 가르친 것과는 거리가 먼, 비판받아 마땅한 혼란스러운 교리입니다.

한편 진보주의자들은 보수주의자들을 비판하면서 그리

스도교 신학에는 아벨라르두스Abelard의 견해가 더 적합하다고 이야기했습니다. 그의 견해가 십자가 사건으로 드러난 하느님의 사랑, 그리고 이를 통해 참회와 화해가 가능해졌음을 좀 더 설득력 있게 이야기하고 있다면서 말이지요. 이들 또한 교부들의 자료에서 자신들의 견해를 뒷받침해 주는 흔적을 발견해 냈습니다. 하지만 어느 쪽도 악의 정복과 관련된 교부들의 진술들을 공정하게 평가했다고 볼 수 없습니다. 구스타프 아울렌의 이른바 '고전적인 속죄 이론'은 바로 이렇게 양측이 대립하던 상황에서 나왔습니다. 그는 초기 교회에 있던 이원론 경향과 그리스도께서 악의 세력을 정복했다는 생각이 얼마나 당시 교회에 깊게 뿌리 내리고 있었는지를 지적했지요. 그러나 이 접근법 역시 초기 그리스도교 자료들의 많은 부분을 설명하지는 못했습니다. H. E. W. 터너Turner는 네 가지 기본 접근법(교육으로서의 구원, 물리적인 구원, 몸값을 치르는 활동, 혹은 악의 정복으로서의 구원, 희생제로서의 구원)의 관점에서 교부들의 구원론을 탐구했습니다. 프레더릭 딜리스톤Frederick Dillistone은 한 이론을 제시하기보다는 여러 문헌에서 반복해 나오는 표현이 무엇인지를 살피려 했지요. 그는 초기 그리스도교에서 구원과 속죄를 가리키는 표현이 현기증을 일으킬 만큼 다양함을 보여 주었습니다. 수많은 심상, 상징,

유형들을 활용했기 때문이지요. 초기 그리스도교인들은 성서에 담긴 시들이 예언과 영적 의미를 담고 있다고 보고 여기서 심상, 상징, 유형들을 길어 냈습니다. 그리고 그리스도교 사상가들은 이 풍부한 재료들을 활용해 그리스도교 전체 교리를 엮는 '조직신학'으로 통합했습니다. 비록 사상가마다, 시대마다 차이가 있지만, 대부분은 구원을 지상과 천상, 물질과 영, 하느님과 인간의 결합으로 이해했습니다. 초기 그리스도교의 성사 신학theology of sacraments에 대한 접근, 성서 본문에 대한 이해, 구원에 대한 생각, 그리스도론은 모두 두 본성을 하나로 연합시키는 데 방점이 있었습니다. 이는 그리스도교 사상이 일원론과 이원론의 긴장 가운데 있음을 보여주지요. 초기 교회에는 다양한 이원론이 있었고 우리는 이를 구별할 수 있어야 합니다. 어떤 이원론은 교회에서 지속적인 영향력을 행사한 반면, 어떤 형태는 배척받았습니다. 교회, 특히 그리스도교 지식인들에게 커다란 영향을 미친 이원론은 플라톤주의 이원론이었습니다. 오리게네스 신학, 니사의 그레고리우스, 아우구스티누스 사상에 영향을 미친 신플라톤주의 신비주의 영성은 그 대표적인 예지요. 어떤 이들은 신플라톤주의는 실제로는 이원론이 아니라고 할지도 모르겠습니다. 앞서 언급했듯 신플라톤주의를 주도했던 철학자

플로티누스는 영지주의 이원론을 거부했기 때문이지요. 그러나 플라톤주의는 기본적으로 존재와 생성을 구별했고 이는 손쉽게 영혼과 몸, 영과 물질의 구별로 이어졌습니다.

이 같은 맥락에서 플라톤주의자들은 영혼으로부터 육체로 인해 일어나는 산만함을 제거하는 금욕주의를 받아들였고 일시적인 것보다는 영원한 것, 도덕적이고 영적인 실재에 대한 앎을 추구했습니다. 이 플라톤주의의 영향을 받은 그리스도교 사상가들은 부활을 순전한 영적 사건으로, 물질을 악처럼 '비존재'로 정의하는 경향이 있었지요. 초기 그리스도교의 영성 관련 저술 중 상당수는 물질적 삶 너머로 상승하려는 듯한 인상을 줍니다. 오리게네스의 경우에는 성서에 '문자' 그대로의 의미 너머 초월적 실재들에 대한 더 깊은 의미가 있다고 보기도 했지요. 형이상학적 이원론을 내포하는 이러한 가정은 수많은 초기 그리스도교 본문들에 너무나도 자연스럽게 들어 있습니다. 하지만 흥미롭게도 많은 본문에서 물질세계와 물질적 삶, 문자적 의미는 영적 실재들을 전달하는 성사적 도구로 나타납니다. 심지어 오리게네스의 저술들도 그러하지요. 영혼불멸과 몸의 부패에 대한 이후 그리스도교의 견해들을 보면 분명 이원론의 유산을 발견할 수 있지만, 적어도 이 시기 인간 본성과 운명을 다룬 진지한 시도들은 이원론을 하나의 전망 아래 포괄하고 있습니다. 2장에서 언급했듯 에메사의 네메시우스(오늘날 우리는 그에 대해 거의 아는 바가 없습니다)는 4세기 말 『인간 본성에 관하여』De natura hominis에서 갈레노스의 의학 철학과 고대의 논의들을 활용해 영혼과 몸의 관계, 지각과 감정의 작용 같은 문제들을 다루었고 인간을 물질세계와 영적 세계의 연결점으로 그렸습니다. 그에게 인간은 창조주 하느님이 창조한 영혼과 몸의 복합 단일체였습니다.

니사의 그레고리우스는 이와 비슷한 생각들을 인성에 대한 논의에서 보여 주었습니다. 인간은 피조물 중 으뜸이며 부활할 때 하느님께서 본래 목적대로 인류를 회복하실 것이라고 그는 말했습니다. 신플라톤주의 성향에도 불구하고 그레고리우스는 영적 천상에 있는, 몸 없는 영혼을 꿈꾸지 않았습니다. 대신 그는 물질의 변모, 하느님께서 본래 뜻하신 새로운 창조질서로 갱신되는 종말론을 그렸습니다. 물론 둘에게 물질과 영 사이의 선택은 매우 중요했습니다. 그래서 육체를 짐승 같은 욕망과 연관이 있는 것, 영혼의 상승을 방해하는 것처럼 묘사하기도 했지요. 그러나 궁극적으로 물질세계의 선한 것은 변모될 것이라고 그들은 믿어 의심치 않았습니다. 심지어 인간의 몸도 성사 가운데, 영적 음식을 먹고 마심으로써 영적 몸으로 변모할 것이라고 확신했습니다.

여러 압력에도 불구하고 이레네우스의 유산은 영지주의와 계속 투쟁했습니다. 그리스도교에서 몸의 부활은 영혼불멸이라는 플라톤주의 교리에 완전히 잠식당하지 않았습니다. 2세기 이래 그리스도교 사상가들은 영과 물질의 이원론이 결국 하느님과 물질이라는 궁극적인 두 원리를 뜻한다는 생각을 계속 거부했습니다. 물론 그들은 물질과 영이라는 이원성이 창조질서에 있다고 생각했습니다. 그러나 제1 원리는 오직 하느님, 무로부터 창조질서를 이끌어낸 초월자라고 확신했습니다. 그리고 그분의 목적은 피조물과 하나가 되는 것이라고 믿었지요. 하지만 장차 이루어질 하나됨은 창조주와 피조물의 구별을 전제하고 있기도 합니다.

흥미롭게도 그리스도교 신비주의자들, 신화 교리를 내세운 이들은 인간이 하느님에게 단순히 '흡수'absorption될 것이라고 생각하지 않았습니다. 오리게네스가 지지했던 하느님과 인간 영혼 사이의 친연성은 아리우스 논쟁 시 거부되었습니다. 하느님과의 하나됨은 두 가지 구별되는 본성들의 결합, 신비로운 결혼으로 이해되었지요. 이때 두 본성 중 하나는 우연적인 것이며, 전적으로 다른 본성, 즉 영원한 것에 의존합니다. 그러나 창세기에서 확언했듯 우연적인 것은 영원한 것의 거울상mirror-image으로 창조되었습니다. 이러한 맥락에서 성육신 교리를 올바르게 밝히는 과정은 그리스도교 영성을 정제하는 과정과 결코 무관하지 않았습니다. 다시 강조하지만, 이 이원론은 교회가 자신을 정의할 때 거부했던 이원론, 물질세계와 그 창조주를 참된 신에게서 멀리 떨어져 있는 악의 근원으로 보는 영지주의 이원론과는 다릅니다. 영지주의와의 투쟁 이후 교회는 영지주의의 극단적인 형태인 마니교와 마주했습니다. 아우구스티누스도 한때 마니교에 몸담았었지요. 마니교는 빛과 어둠이라는 두 영원한 원리가 있다고 생각했고 이를 선, 악과 연결했습니다. 여기서 현세계 질서는 이들이 뒤섞여 있기에 일어난 불행한 결과였습니다. 따라서 빛의 자녀들은 이 세계를 개선하기를 바라지 않고 자신들의 본향으로 탈출해야 한다고 생각했지요. 이러한 관점은 극단적인 금욕주의로 이어졌습니다. 모든 마니교도는 채식을 실천했으며 그중에서도 선택받은 이들은 포도주, 개인 재산, 성생활, 결혼 일체를 하지 않았지요. 자신들의 음식을 장만해 줄 별도의 제자를 필요로 할 정도로 지상에서 이루어지는 어떠한 생산 활동에도 참여해서는 안 된다고 그들은 믿었습니다. 이 물질세계에 갇혀 있는 빛의 파편들이 움직여서 상황을 더 복잡하게 만들어서는 안 된다고 본

것이지요. 그들은 물질을 먹는 행위가 빛을 오염에서 해방시키는 일종의 성사가 될 수도 있다는 생각은 결코 하지 않았습니다.

마니교는 대다수 영지주의 체계보다 더 철저한, 궁극적인 이원론이라 할 수 있습니다. 최초의 하나, 최후의 하나됨을 그리지 않으며 오히려 이를 거부하기 때문이지요. 이러한 맥락에서 아우구스티누스가 신플라톤주의를 통해 마니교에서 그리스도교로 회심한 것은 궁극적인 이원론에서 일종의 일원론으로 회심한 것으로 볼 수 있습니다. 그는 악이 실제로 존재하는 것이 아니라 선의 결여, 혹은 부재라는 것을 깨달았습니다. 아우구스티누스 사상의 여정에서 이는 매우 중요합니다. 이로써 그는 자신의 형이상학을 근본적인 차원에서 수정했습니다. 그리고 이는 플라톤주의의 이원론과 영지주의 이원론의 차이를 보여주지요.

교회는 영지주의를 거부한 것과 같은 이유로 마니교를 거부했습니다. 교회의 입장에서 마니교는 창조주를 만물을 충족시키는 분, 모든 면에서 선하신 분, 유일한 제1 원인으로 예배하지 않는 신성모독을 저질렀기 때문입니다. 또한, 예수를 두고서는 가현론 입장을 보였으며 물질로부터 벗어나는 것이 구원이라 생각했습니다.

물론 교회에도 금욕주의자들은 있었고 몇몇 극단적인 금욕주의 집단들은 물질을 거의 완전히 거부했습니다. 이에 교회의 주교들은 '메살리안파'the Messalians라고 불리는 극단적인 금욕주의 집단을 배제했으며 설교자들은 세상에서 제자도를 걷는 이들이 철저하게 자기를 부정하는 삶의 방식을 택한 '거룩한 사람'the holy man보다 결코 열등하지 않다고 끊임없이 말했습니다. 그리스도교 역사 중 대부분의 시기 신자들은 피안성彼岸性, otherworldliness을 그리스도인의 이상으로 여겼습니다. 오늘날 많은 사람은 하와 때문에 인류가 사탄의 유혹에 넘어갔고 죄를 지었다고 하면서 여성을 비난하고 열등시하는 경향은 물론 성에 대한 불건전한 태도의 뿌리에는 몸에 대한 그리스도교의 이중적인 태도가 있다고 지적합니다. 하지만 이에 대해서는 좀 더 생각해 봐야 합니다. 교회는 언제나 극단적으로 세계를 부인하는 관점을 거부했고 영적인 삶을 통해 물질적인 삶을 승화시키려 한 이들을 존경했습니다. 이렇게 할 수 있던 이유는, 부분적으로는 그리스도교에 유대 묵시문학으로부터 물려받은 제3의 이원론이 있었기 때문입니다. 이 이원론은 현재라는 악한 시대는 사탄이 지상을 지배하고 있지만, 궁극적으로는 하느님이 이 지상의 통치자가 되시며 그분의 나라가 회복될 것이라는, 다소 비관적인 관점입니다. 비록 우주적 싸움이 진행되고 있지만 궁극적으로는 하느님께서 승리할 것이라는 것이지요. 이는 궁극적인 이원론은 아니나 실용적 이원론practical dualism이라고 부를 수 있습니다.

앞서 살펴보았듯 초기 그리스도교 설교자들은 이를 바탕에 두고 설교하는 경우가 많았습니다. 초기 그리스도교인들은 세례를 받고 입교할 때 세상과 육체, 마귀에 대한 거부감을 생생히 느꼈습니다. 당시 문화에 젖어 있던 이들에게 세례는 일종의 축귀 의식과 다름이 없었습니다. 세례를 통해 자신들이 한때 숭배했던 이방 신들이 모두 쫓겨났다고 여겼으니 말이지요. 그들은 새로운 시민권을 얻었다고 생각했습니다. 이런 그리스도교인들에게 로마는 사탄의 지배를 받는 바빌론과도 같았습니다. 교회는 새로운 군대였고, 그들은 여기에 지원해 그리스도의 군사가 되었고 그리스도에게 충성 서약을 했습니다. 이 맥락에서 순교자들은 위대한 영웅들이었고 수도사들과 금욕주의자들은 순교자들의 뒤를 이어 악의 세력에 맞선 전쟁을 이끄는 이들이었습니다. 물론 그리스도께서는 전쟁에서 승리를 거두셨음을 그들은 믿어 의심치 않았습니다. 다만 자신들은 잔당을 소탕하는 작전에 참여하고 있다고 생각했지요. 궁극적인 승리가 보장되어 있으므로 그들은 두려움 없이 죽음을 맞이할 수 있었습니다.

이후 교회에서는 창세 전에 있던 루키페르Lucifer의 타락으로 이 실용적 이원론을 설명했습니다. 이에 따르면 하느님은 지상의 창조주이자 왕이셨고 루키페르(빛을 지닌 자)는 하느님의 천사들 중 가장 높은 천사였습니다. 그러나 그는 하느님의 신뢰를 저버리고 하느님의 왕좌를 찬탈하려 했습니다. 이렇듯 이 이원론의 바탕에는 궁극적인 일원론이 있었기 때문에 교회는 영지주의 형태의 이원론과 자신의 입장을 구별할 수 있었습니다. 이론상 이 세계는 하느님의 것이지만, 실질적으로는 아니라고 교회는 이야기했지요. 그렇게 교회는 이 세계를 거부하는 태도를 받아들였습니다. 동시에 이 물질세계에만 골몰하는 생활 방식 혹은 이념을 경계했지요.

교회사가 에우세비우스는 그리스도께서 오셨을 때 하느님의 섭리가 어떻게 세상을 하나 되게 하였는지, 하느님께서 어떻게 콘스탄티누스를 통해 로마를 그리스도의 것으로 만드셨으며 당신의 나라를 시작하셨는지를 보여 주려 했습니다. 이렇게 그는 역사의 전개 과정에 대한 이원론 관점에 저항했고 2세기 (비영지주의적non-Gnostic) 천년왕국론(하느님께서 승리를 거두신다는 예언들이 성취되면 그리스도가 재림하고 이후 그분의 천년 통치가 이어질 것이라는 관점) 같은 종말론 사상을 거부했습니다. 그러나 콘스탄티누스로 인해 정치 지형이 바뀐 결과 교회는 점점 더 세상과 타협했고 이에 따라 급진적인 금욕주의자들, 물질세계를 거부하는 이들도 더 늘어났습니다. 수도원 운동이 일어났고 이는 교회 조직과 잠재적으로 긴장 관계를 형성했지요. 이러한 이상들의 충돌은 4세기 수많은 이들, 이를테면 카이사리아의 바실리우스와 그의 친구 그레고리우스, 요한 크리소스토무스 같은 이들에게 깊은 영향을 미쳤습니다.

지금까지 이야기한 것을 요약하면 그리스도교는 궁극적 이원론을 거부했지만, 동시에 단순한 철학적 일원론도 자신에게 맞지 않음을 알고 있었습니다. 하느님의 존재 안에 단일성-복합성이 있다고 보는 삼위일체 교리는 그 자체로 단순한 일원론을 거부하는 것이라 할 수 있지요. 두 가지 기본적인 이유에서 교회는 하느님과 세상의 관계가 이중적임을 인정했습니다.

첫째로 일원론만을 고수하면 하느님 외에 다른 것은 존재할 여지가 없고 어떤 의미에서는 모든 것이 하느님이 되기 때문입니다. 하지만 하느님이 창조주라면 하느님 외 다른 것들이 존재하도록 자유 가운데 선택하셨다고 볼 수 있습니다. 앞서 보았듯 창조주와 피조물의 구별은 그리스도교 사유가 발전하는 데 중요한 동력이 되었습니다. 같은 맥락에서 그리스도교는 물질로 이루어진 현실과 영적 현실이 실질적으로 차이가 있음을 인정했습니다. 이러한 인식은 시간이 흐르며 영적인 것이 본질적으로 신성하거나 영원하다는 생각이 거부되면서 바뀌었지만 말이지요. 교회는 영적인 것 역시 하느님께서 창조하셨고 그분에 의해 유지된다고 보았습니다. 피조 세계는 복잡한 물질적-영적 현실로 이루어져 있으며 이는 궁극적으로 본래 누렸던 완전함을 회복할 것이라고, 창조주와 사랑의 연합을 이룰 것이라고 전통 그리스도교는 이야기했습니다. 이러한 맥락에서 많은 그리스도교 영성가가 아가서에 주목한 것, 교회를 그리스도의 신부로 여긴 것은 결코 근거 없는 일이 아니었습니다.

둘째로, 일원론만을 고수하면 모든 것이 하느님에게 속하게 되고 따라서 모든 것이 완전하기 때문에 구원론이 들어설 자리가 없게 됩니다. 그러나 세상은 분명 완전하지 않고 인간은 도덕적으로 하느님의 영광에 미치지 못함을 그리스도교인들은 알고 있었습니다. 교부 시대에 구원은 기본적으로 원原창조original creation의 통일성과 완전함으로 회복하는 하느님의 활동이었습니다. 여기에는 치유와 재창조, 그리고 관계를 깨뜨린 것에 대한 속죄와 배상이 포함됩니다. 하지만 이 구원은 고도의 이원론으로 표현되기도 했습니다. 완전함을 상실한 세상은 갈등을 초래하는 반란의 장, 하느님에게 반역하는 영적 세력의 지배를 받는 곳처럼 보일 수 있기 때문이지요. 구원은 언제나 하느님께서 자신에게 속하지 않은 무언가를 처리하신다는 의미를 내포하고 있습니다. 그렇기에 그리스도교의 구원론에는 실용적인 이원론이 들어 있습니다. 이러한 맥락에서 초기 그리스도교 신학에는 기이한 긴장이 흐르고 있다고 할 수 있습니다. 한편으로는 이원론에 저항하며 선한 하느님이 선한 세계를 창조하셨다고 확언하면서도 속죄, 악으로부터의 구원의 필요함을 이야기하며 물질에 대한 관심과 동물로서 욕망에 충실하기보다는 더 높은 영적인 길을 택해야 한다고 강조하기 때문이지요. 하지만 초기 그리스도교 신학에는 이러한 긴장 말고도 또 하나의 긴장이 있습니다. 구원은 인간의 선택으로, 선을 향해 자유의지를 행함으로써 이루어질까요? 아니면 하느님의 은총으로 이루어질까요? 성육신을 통한 구원은 온 우주에 영향을 미치는, 서로 대립하는 것들의 통합이며 둘이 된 것의 하나됨, 육체의 부패한 면을 치유함으로써 이루어지는 변모를 뜻했습니다. 교회는 이러한 구원이 성사들을 통해 실현된다고 믿었습니다. 구원은 물질적이면서도 비물질적인 것이었으며 창조주의 은총 어린 선물들을 통해 이루어지는 재창조였습니다. 하지만 이는 구원이 '자동으로' 이루어지는 것처럼 해석될 수 있었지요. 그리고 실제로 어떤 이들은 아타나시우스의 교리가 이를 암시한다고 생각했습니다. 그러나 초기 그리스도교 신학에는 운명을 거부하는 그리스도교 변증 전통과 인간의 도덕적 선택의 중요성을 강조하는 그리스도교 윤리 전통이 모두 깊게 배어 있습니다. 그리고 아타나시우스는 누군가 그리스도에게 택함을 받았느냐 그렇지 못하냐를 따질 때 그가 아담의 인성 대신 구원받은 인성에 참여하느냐 참여하지 않느냐는 '선택'의 여지를 남겨두었지요.

동방 신학은 하느님께서 이루시는 구원의 우선성과 인간의 책임의 창조적 긴장을 유지했습니다. 요한 크리소스토무스의 설교가 그 대표적인 예지요. 도덕을 강조했다고 해서 크리소스토무스를 펠라기우스주의자로 보는 것은 근시안적인 비평입니다. 그리고 이는 서방 신학에서 그러한 긴장을 유지하지 못했음을 보여 주는 표지이지요. 이 문제를 두고 아우구스티누스는 브리타니아 태생의 수도사 펠라기우스*Pelagius*와 깊은 상흔을 남긴 싸움을 벌였습니다. 이 상흔은 오래도록 남았고 종교개혁 시기에 다시금 갈등이 일어났지요. 펠라기우스가 로마에 갔을 때, 그는 그리스도교인이라고 자임하는 이들의 도덕적 방종에 충격을 받았습니다. 게다가 "당신이 명하시는 바를 베풀어 주시고 원하시는 바를 명하십시오"라는 아우구스티누스의 기도를 인용하며 자신을 정당화하는 모습에 경악했지요. 그들은 도덕적인 노력을 하는 대신 주님께서 말씀해 주시기를 기다리고 있다고 말했습니다. 이에 펠라기우스는 인간은 완전해질 수 있으며, 따라서 선행은 의무라고 주장했습니다. '나는 인간일 뿐이야'와 같은 변명은 그에게 있을 수 없었습니다. 아우구스티누스와 펠라기우스는 단 한 번도 만난 적이 없지만, 논쟁은 길게 이어졌습니다. 자유의지와 은총, 원죄와 예정 같은 주제들도 다루었지요. 펠라기우스는 하느님께서 인간을 창조하시며 자유의지를 주셨고 선택권을 주셨다고 말했습니다. 그리고 그리스도께서 우리에게 길을 보여 주셨으니 우리가 해야 할 일은 그분의 명령에 순종하는 것이라고 말했지요. 이러한 견해는 분명 그리스도교 전통에 뿌리내리고 있습니다. 하지만 그는 죄를 단순히 잘못된 행위로만 보았으며 개인이 독자적으로 도덕적인 결정을 할 수 있는 능력을 갖고 있다고 생각했지요. 이때 선행은 순전히 개인의 노력 여부에 달려있기 때문에 논리상 구원의 여지를 남겨 놓고 있지 않습니다. 물론 펠라기우스는 우리가 도덕적인 발전을 할 수 있도록 선하신 하느님께서 은총으로 최선의 환경을 주신다고 확신했습니다. 그러니 이 논쟁에 대해 잘 알지 못하면서 펠라기우스의 입장을 섣불리 재단해서는 안 됩니다.

한편, 아우구스티누스는 자신의 개종이 '선물'이지 '공적'이 아님을 알았습니다. 그는 하느님께서 자신을 붙잡아 주셨기에 구원을 받았다고 생각했습니다. 자신을 노예로 만든 죄로의 경향성에서 자유롭게 될 때까지, 아우구스티누스에게는 그리스도를 따를 수 있다는 희망이 없었습니다. 그렇기에 자신의 도덕적 존재 전체는 하느님의 은총에 의존한다고 생각했지요. 이러한 생각은 아담으로부터 죄가 유전된다는 원죄 교리로 이어졌습니다. 이는 인류가 "영벌을 선고받은 집단"massa damnata임을 의미했습니다. 새로운 인간 존재 역시 육체의 욕망을 따라, 성행위를 통해 나오기 때문이지요. 그래서 아우구스티누스는 아이가 태어나면, 아이를 저 굴레에서 벗어나게 하기 위해, 자유의 기회와 도덕적 선택의 가능성을 주기 위해 유아세례를 하는 것이라 말했습니다. 많은 사람은 이 교리를 매우 불쾌하게 여깁니다. 특히 논리상 이 교리가 예정론으로 이어질 때 그렇지요. 아우구스티누스에 따르면 구원은 우리에게 전혀 의존하지 않습니다. 구원과 정죄를 결정하는 것은 하느님의 주권입니다.

이러한 아우구스티누스의 입장에 대해서도 섣불리 단정해서는 안 됩니다. 그는 인류가 병들어 있기에 치유를 필요로 하며, 개인의 어떤 도덕적 노력으로도 풀어낼 수 없는 악의 구조가 있다는 시각 아래 구원의 복음을 이해했습니다. 그에게 죄는 단순히 개인의 잘못된 행위가 아니었습니다. 최악의 죄 중 일부는 '사회적'인 죄, 즉 환경과 집단에서 나옴을, 그 안에 있는 개인들은 죄를 저지른다 해도 이를 죄로 인식하지 못함을 아우구스티누스는 알고 있었습니다(인종차별을 생각해 보십시오). 게다가 그는 육체의 욕망을 성욕으로만 국한해 이해하지 않았습니다. 아우구스티누스에게 육체의 욕망은 우리가 모두 물려받은 뿌리 깊은 자기중심성egocentricity, 하느님과 참된 관계를 맺는 가능성을 가로막는 교만과 관련이 있었습니다. 이 점에서 아우구스티누스는 성서와 전통에 흐르는 사상에 더 가까이 접근했지요. 단순한 도덕주의에 가까웠던 펠라기우스보다 아우구스티누스는 신학적으로 깊었습니다. 문제는 그의 이런 논의가 인간이 응답할 여지를 거의 남기지 않는 것처럼, 따라서 주권자인 하느님을 폭군, 변덕스러운 독재자로 묘사하는 것처럼 보인다는 데 있었습니다. 물론 아우구스티누스는 이러한 곡해를 막기 위해 자신의 신학을 펼치며 다른 많은 이야기를 했지요. 그는 삼위일체이신 하느님은 다른 무엇보다 사랑이며 이 사랑이야말로 그분의 창조와 구원 활동의 동기이자 동력임을 알고 있었습니다. 하지만 참된 사랑은 타자가 존재하는 것을 허용하며, 그 타자를 놓아주고, 탕자가 돌아오기를 기다리듯 타자가 돌아오기를 기다림을, 그러면서 상한 마음을 싸매어 주고 잘못된 세상을 치유해나감을 자신의 신학 사상에 충분히 반영하지는 못했습니다.

그리스도교 신학이 균형을 유지하기 위해서는 하느님의 은총과 인간의 자유의지 사이의 긴장, 신앙의 명령과 선한 행위의 명령 사이의 긴장, 하느님의 주도권과 인간의 책임 사이의 긴장, 그리고 둘의 끊임없는 창조적 투쟁이 필요합니다. 이는 창조론과 구원론의 긴장 및 갈등과 관련이 있지요. 창조론은 완전함과 일원론을, 구원론은 불완전함과 이원론을 내포하기 때문입니다. 그리스도교 신학은 둘 중 하나를 배제하고 하나만 선택할 수 없습니다. 초기 그리스도교 사상가들은 언제나 둘이 서로 밀접한 관계를 맺고 있음을 알았습니다. 구원이란 하느님께서 당신이 본래 뜻한 바를 이루시는 활동, 최초에 시작하신 일을 완수하시는 활동, 둘로 남아 있는 것을 하나 되게 하는 재창조 활동이기 때문입니다.

결론과 성찰

모든 집단은 자신과 다른 집단이 구별되는 독특한 특징이 무엇인지를 규정함으로써 자기를 정의하려 합니다. 이런 의미에서 모든 공동체는 배타적입니다. 그리고 이 점에서는 교회도 다른 사회 집단과 다르지 않습니다. 집단의 구성원들은 공통의 관심사를 나누고 그들만 이해할 수 있는 의례, 규율을 통해 경계를 만들어냅니다. 민족종교로서 유대교는 할례, 민족 구성원끼리의 결혼, 율법준수 등을 통해 구성원을 구별합니다. 이와 달리 그리스도교는 민족, 인종과 같은 범주로 자기 구성원을 구별하지 않습니다. 행동이나 다른 요소들로 다른 집단과 자신을 구별하지도 않지요. 그리스도교는 믿음의 문제를 가지고 경계와 표지를 설정합니다. 이는 매우 흥미롭습니다. 역사에서 그리스도교는 종종 사람들에게 순응을 강요했으며 이탈자를 박해했습니다. 하지만 이는 비단 그리스도교에서만 일어난 일은 아닙니다. 어떤 공동체든 권력을 얻으면 순응을 강요하고, 공동체의 규율을 따르지 않는 이들을 억압하는 경향이 있습니다. 정치 이념이 그리스도교의 형태를 띠고 나타났을 때를 제외하면, 그리스도교는 언제나 특정 행동, 종족이 아닌 정통 교리를 가지고 구성원을 구별했습니다. 이는 매우 이례적인 일입니다. 왜 신경이나 교리를 받아들이는 여부가 그리스도교 신앙의 핵심 요소가 된 것일까요?

지금까지 우리는 이 물음에 대한 답을 가늠할 수 있게 해주는 한 이야기를 살폈습니다. 그리스도교는 유대교에서 참된 한 분 하느님에 대한 충성을 유산으로 받았습니다. 그리고 곧바로 창조주의 주권과 선함, 단일성에 대해 도전하는, 세계가 존재하는 방식에 대한 다른 설명들에 대응하기 위해 자신이 누구에게 충성하는지를 정의해야 했지요. 때문에 그리스도교에서는 철학보다 더 진리의 문제를 중시했습니다. 그리스도교 이전에 철학자들은 진리 문제를 두고 오랫동안 세련된 논쟁을 벌였고 결과적으로 상대주의와 회의주의가 만연하게 만들었습니다. 각 분파와 학파는 서로를 '이단'이라 불렀지만, 이때 이단은 선택을 뜻했습니다. 자신이 원하는 대로 분파와 학파를 선택해도 별 상관이 없는 분위기였지요. 그러나 유스티누스는 다르게 생각했습니다. 그의 저술들을 읽으면 진리에 대한 새로운 열정이 발견됩니다. 유스티누스는 그리스도교가 철학 탐구의 완성이라고 역설했습니다. 이후 머지않아 그리스도교인들은 진리에 대한 다양한 견해를 내비친 '이단'들을 근본적으로 잘못된 것으로 여겼으며 그들이 사물의 핵심에 자리한 통일성을 해친다고 생각했습니다. 그래서 이단을 문제 삼았고 이단자들을 축출했지요. 하지만 이단들 때문에 그리스도교가 좀 더 명확하게 자신을 정의할 수 있게 된 것도 사실입니다. 정통주의자들은 인정하고 싶어 하지 않겠지만 말이지요. 그리스도교의 진리관이 성립되는 데, 그리스도교가 전하는 진리가 무엇인지를 교회가 숙고하고 명시하는 데 이단은 결정적인 역할을 했습니다.

그렇다고 해서 그리스도교가 실천을 경시한 것은 아닙니다. 그리스도교가 유대 신앙과 분리되던 시기에 이미 그리스도교는 유대 신앙이 중시했던 특정 의례를 거부했지만, 하느님이 높은 수준의 도덕성을 요구한다는 생각은 이어받았습니다. 그래서 진리와 도덕은 서로 밀접한 관계를 맺게 되었지요. 정통이 형성되던 시기 교회는 잘못 믿는 사람들은 잘못된 삶을 살 것이라고 믿었습니다. 그래서 대다수 이단자는 그들의 믿음뿐만 아니라 도덕적인 측면에서도 비난받았습니다(이는 때로는 부당했지만, 때로는 정당했습니다). 이때 도덕성은 그들의 이단성을 확증하는 것이었지요. 시간이 흐를수록 교회에서는 믿음은 물론 실천도 통일해야 한다는 요구가 거세게 일어났습니다. 하지만 그 결과는 그리스도교 세계의 전체주의였지요.

아우구스티누스 사상은 이 역설을 잘 보여 줍니다. 그는 당대 그리스도교 사상가 중 하느님이 사랑이심을 머리와 가슴으로 가장 깊이 받아들였던 사람이었습니다. 그러나 동시에 제국이 도나투스파를 탄압하게 한 사람, 완고하고 비타협적인 예정설을 가르친 사람도 아우구스티누스였습니다. 이와 유사한 역설은 신경의 보편적인 주장에도 들어 있습니다. 신경은 한 분 하느님이 만물을 창조하셨다고 확언하면서도 그분의 섭리에 따른 돌봄과 사랑의 대상에 수많은 피조물을 배제했습니다. 이처럼 그리스도교는 배타주의, 불관용의 씨앗과 이에 대한 예언자적 비판의 씨앗을 모두 머금고 있습니다. 하지만 그리스도교가 진리 문제와 진지하게 씨름하는 이상, 자신의 근본시각과 양립할 수 없는 견해들을 도외시할 수는 없겠지요.

지금까지 다룬 이야기의 중심부에는 또 하나의 역설이 있습니다. 바로 삼위일체 교리입니다. 삼위일체 논쟁은 삼위일체 하느님이 정확히 어떠한지를 두고 점점 더 정밀한 정의를 내리는 방식으로 진행된 것처럼 보이지만, 정작 그 근본적인 목적은 하느님의 신비를 보존하는 데 있었습니다. 정통 삼위일체 교리는 '제1 원인'에 대한 깔끔하고 단순한 정의들, 하느님을 인간 정신에 맞추어 격하하려 했던 시도들에 맞서 하느님의 타자성과 무한성을 지키려 한 논증들의 산물입니다. 하지만 이 교리를 조금만 잘못 설명하더라도 이단 취급을 받았지요. 그러나 적어도 이러한 정교한 신학은 인격적인 하느님을 남성 우상으로 보게 하는 오류에 빠지지는 않습니다. 그리스도교 신학에 대한 여성주의의 비판 중 긍정적인 측면은 통속적인 그리스도교뿐만 아니라 서구 근대 종교철학 중 유신론 전통의 한계를 드러냈다는 점에 있습니다. 이는 교부들이 삼위일체 신학을 통해 이루고자 한 바이기도 했지요. 오늘날 여성주의자들이 그랬듯 교부들은 분명하게 신인동형론의 부적절함을 보여주려 했습니다.

물론 하느님에 대한 유비로 아버지, 왕, 재판관 같은 남성을 들어 쓰는 경향이 있다는 것은 사실입니다. 그리고 이는 여성을 인간의 인격에 대한 유비로 이해하고 하느님과 관련 짓는 경향과 상관관계가 있습니다. 이 같은 맥락에서 초기 그리스도교 문헌들은 종종 신부인 영혼('프시케'로 여성형 단어입니다)이 신랑인 하느님의 사랑에 응답한다고 묘사하곤 했습니다. 그리고 교회('에클레시아'로 여성형 단어입니다) 안에서 새롭게 거듭난 인간을 그리스도의 신부로 묘사하고 때로는 천상의 여왕인 마리아를 상징으로 쓰기도 했지요. 누군가는 이를 두고 남녀관계에 대한 고정관념을 반영한다고 말할지도 모르겠습니다. 하지만 적어도 이러한 이야기들은 언어의 비문자적 속성non-literal nature을 보여주지요. 남성을 포함해 모든 인간은 주님의 '신부'인 교회에 속해 있습니다. 교부들은 하느님의 초월적 존재, 독생자의 나옴, 영적 결혼 등을 이야기할 때 여기에는 성적 의미가 내포되어 있지 않다고 거듭 강조했습니다. 인간은 하느님에 대해 말하려고 하면서도 동시에 한계에 도달합니다. 그것이 인간 언어와 이해의 본성이지요. 이를 부정하면 우상숭배에 빠지고 맙니다. 하느님에 대해 말하면서도 하느님에 대해 말할 수 없음을 아는 것, 이 긴장이야말로 그리스도교 하느님 이해를 추동하는 창조적 힘입니다.

그러나 이는 또 다른 문제를 제기합니다. 지금까지 우리는 그리스도교의 특징인 특정 교리들이 어떻게 정교해졌는지를 살폈습니다. 그리고 이를 교회 공동체의 자기 정의 과정으로 보았지요. 처음에 언급했듯 구성원들의 관심이 공동체의 이야기 형성과 전달에 영향을 미친다면, 왜 그리스도교 이야기는 여성 그리스도인의 정체성 문제와 씨름하지 않았을까요? 지금까지 언급한 신학자들은 모두 남성이었습니다. 그렇다면 교회의 어머니들은 어디에 있는 것일까요? 최근 여성주의 저술들이 지적하듯 교부들이 여성을 중상모략 했다는 이야기는 어떻게 보아야 할까요?

어떤 의미에서 역사가는 역사를 창조하지만, 역사를 바꿀 수는 없습니다. 신경이 형성되는 특정 과정에 여성이 관여하지 않았다는 사실은 바꿀 수 없습니다. 남성과 여성의 관계는 상징으로 이루어진 세계에 의해 구조화됩니다. 그리고 이에 따른 통념들은 특정 사회와 문화에 깊게 뿌리내리고 있지요. 따라서 신경들을 생성한 특정 갈등들에 여성들이 직접 관여하지 않았다는 사실은 특별히 놀랄 만한 일은 아닙니다. 누군가는 그 문화와 사회에 대해 어떻게든 판단을 내려야 한다고 생각할지도 모르겠습니다. 그러나 오늘 우리의 시선에 비추어 과거 문화와 사회를 재단해 버리는 것은 비판적인 관점을 결여한 태도입니다. 책임감을 가지고 과거를 살피기 위해서는 과거의 세계로 들어가, 과거의 사람들을 좇아, 그들처럼 사고함으로써 균형 잡힌 판단을 내려야 합니다. 분명 초기 그리스도교 문헌 중 가부장적이고 편견에 사로잡힌, 남녀 위계를 정당화하는 관점을 대변한다며 인용되는 구절들은 오늘 우리가 보기에 불쾌합니다. 하지만 그 구절들이 여성을 대하는 교회의 태도를 온전히 대변한다고 볼 수는 없습니다(해당 구절을 쓴 사람도 마찬가지입니다). 당시 여성 그리스도인들은 고유한 통찰과 행동의 본이 됨으로써 교회가 자신의 이상을 감지하게 만들었습니다. 이를 살필 때 우리는 당시 실제 모습에 대한 균형 잡힌 판단을 내릴 수 있을 것입니다. 하지만 구체적인 자료를 들어 이에 대해 더 이야기하려면 또 하나의 책을 써야겠지요.

어떤 여성신학자들은 영지주의 문헌들을 높이 평가합니다. 영지주의가 여성을 해방시켰다면서 말이지요. 그리고 이러한 영지주의에 맞서 가부장제를 옹호한 교회의 권위 구조가 발전한 것에 대해 개탄하곤 합니다. 하지만 실제로 영지주의자는 몸에 부정적이었고 여성의 정체성에 대해서도 적대적이었습니다. 영지주의 금욕주의자들은 성을 아예 없애는 경향을 부추겼지요. 여성이 남성이 되거나 양성구유androgyny가 되어 성욕을 끊어야 한다고 주장하기도 했습니다. 오히려 (설령 실제로 그러지 않았다 할지라도) 이론상 육체와 물질에 대한 멸시를 거부했던 정통 교회가 여성이라는 정체성을 더 긍정할 수 있는 잠재성을 지니고 있습니다. 물론 교회 안에서 금욕주의 운동이 일어났을 때 그 운동은 여성 혐오 경향이 다분했으며 남성 옷을 입고 남성처럼 살아간 여성 수도자들이 출현하기도 했지만, 교회는 이를 막지 못했습니다. 플라톤주의 이원론이 영지주의 이원론으로 은밀히 빠져 들었던 것이지요.

대다수 독자분이 알아차리지 못할지라도 여성들은 분명하게 그리스도교 이야기에 들어 있습니다. 남성과 마찬가지로 여성 순교자들, 여성 성인들, 심지어 여성 선교사, 여성 성서학자들도 있었지요. 성인전과 글을 통해 교회는 이들을 칭송했습니다. 남성 순교자, 남성 금욕주의자와 마찬가지로 여성 순교자, 여성 금욕주의자도 그리스도를 예시하는 이들로 보았습니다. 한편, 모든 사람이 하느님의 영광에 이르지 못하고, 모든 이가 구원을 필요로 하는 가운데 그리스도께서 아담의 타락을 뒤집으셨듯 마리아가 하와의 타락을 뒤집었다고 이야기하기도 했지요. 여성의 구체적인 사례가 초기 그리스도교 신학자들의 저술에 분명히 드러나지 않은 이유는 그들이 인류 전체에 관심을 가졌고 보편적인 관점을 지향했기 때문입니다. 여성 혐오자로 비난해야 마땅한 이들은 교부들이라기보다는 그들의 이야기를 전혀 다른 의도를 가지고, 전혀 다른 맥락에서 이용한 이들입니다.

초기 그리스도교가 가장 관심을 기울인 문제는 하느님은 초월적이시지만 세계, 온 우주, 물질적인 것과 영적인 것, 육체와 영으로 이루어진 모든 인류와 관계를 맺고 있다는 것이었습니다. 이때 깊은 차원에서 창조 교리는 교부신학이 발전할 수 있도록 추동하는 동력, 그리고 그 바탕이었습니다. 창조 교리는 하느님의 존재, 본성, 활동에 대한 이해뿐만 아니라 세계가 우연성을 지니고 있음을, 성육신한 말씀의 존재와 본성, 속죄 활동을 통한 하느님과의 연합이 필요함을 표현하기 때문입니다. 이때 제기된 문제들은 신학의 근본 문제들로 남아 답변을 기다리고 있다고 저는 생각합니다.

이제 마지막으로 생각해 보아야 할 문제가 있습니다. 지금까지 살펴본 과정을 통해 나온 결과물, 즉 신경들을 오늘날에도 믿음의 시금석으로 보아야 할까요? 이 질문은 하나의 도전입니다. 여러분은 어떻게 생각하십니까? 오늘날에도 신경을 신앙의 척도로 보아야 하느냐는 문제를 충분히 논의하는 것은 이 입문서를 넘어서기에 더 이야기하지는 않겠습니다. 하지만 안목 있는 독자라면 저의 관점을 충분히 감지하셨을 것입니다.

이렇게만 말해두지요. 교리를 정립하려는 시도는 어떻게든 분열을 초래할 수밖에 없습니다. 또한, 제한된 인간 정신, 언어와 개념이 결합해 나온 명제들이 하느님의 신비를 포괄할 수 있다고 착각하게 만드는 면도 있지요. 하지만 그리스도교 공동체는 언제나 진리와 정체성을 두고 고민했으며 이는 개인이 홀로 자유롭게 생각해 결정할 수 있는 사안이 아닙니다. 문화가 바뀌고 언어가 바뀜에 따라 그리스도교가 전하는 진리는 해석과 재해석을 거칠 수밖에 없습니다. 하지만 그렇다고 해서 전통적인 신경 형태와 교리에 담긴 흐름을 거부하거나 대체하는 것은 적절하지 않습니다.

그리스도교 신학은 화석이 아니라 살아있는 실체입니다. 하지만 매 순간 완전히 새롭게 만들 수는 없지요. 많은 그리스도교인이 그리스도교의 역사를 알지 못해 옛 이단들이 다시 출몰하고 옛 문제가 다시금 논의되는 광경을 보노라면 마음이 쓰립니다. 가장 호전적인 정통주의자들이 고전 그리스도교 신학의 정신에 가장 충실하지 못한 모습을 보일 때도 있습니다. 현대라는 맥락에서 그리스도교 교리에 대해 체계적으로 고민하기 위해서는 우선 과거 교리 논쟁의 과정을 이해하고, 신앙의 선배들이 무엇을 문제시했는지, 이를 어떻게 표현했는지, 어떠한 논의를 했는지를 충분한 공감을 가지고 살펴야 합니다. 이는 자신을 그리스도교 공동체의 구성원으로 여기고 성육신하신 말씀에 충성을 다짐한 이라면 누구나 해야 할 일입니다. 하느님의 로고스는 자신에 대한 사랑에서 일어나는 순종뿐만 아니라 합리성, 신실함, 진리에 대한 갈망을 머금은 영성을 요구하기 때문입니다.

참고문헌

1. 먼저 소개할 책은 초기 그리스도교에 관한 다양한 관점을 제시하는 유용한 입문서들입니다.

· Henry Chadwick, **The Early Church** (Penguin, 1967) 『초대교회사』(CH북스)
· Boniface Ramsey, **Beginning to Read the Fathers** (Darton, Longman & Todd, 1986)
· Maurice Wiles, **The Christian Fathers** (SCM Press, 1977)

2. 그다음 할 일은 번역본으로라도 실제 원문을 읽어보는 것입니다. 이 단계에서는 선집을 활용할 수 있겠습니다.

· J. Stevenson, **A New Eusebius** (SPCK, 1987)
· J. Stevenson, **Creeds, Councils and Controversies: Documents Illustrating the History of the Church, A.D.337-461** (SPCK, 1989)

다양한 문제에 대한 신학 논쟁이 어떻게 이루어졌는지를 알기 위해서는 다음 책을 읽어보십시오.

- Maurice Wiles and Mark Santer (eds), **Documents in Early Christian Thought** (Cambridge University Press, 1975)

특정 주제를 탐구하기 위해서는 포트리스 출판사Fortress Press에서 펴내는 '초기 그리스도교 사상의 원천들'Sources of Early Christian Thought에 속한 책들이 유용합니다. 그중에서도 이 책에서 다룬 주제들과 관련된 책들은 다음을 들 수 있습니다.

- William Rusch, **The Trinitarian Controversy, 1980.**
- R. A. Norris Jr, **The Christological Controversy, 1980.**
- J. Patout Burns, **Theological Anthropology, 1981.**
- E. Glenn Hinson, **Understandings of the Church, 1986.**
- K. Froelich, **Biblical Interpretation in the Early Church, 1984.**
- Agnes Cunningham, **The Early Church and the State, 1982.**
- Charles Kannengiesser, **Early Christian Spirituality, 1986.**
- Jan Womer, **Morality and Ethics in Early Christianity, 1987.**

다음의 선집은 출간된 지 오래되기는 했지만, 여전히 유용합니다.

- T. H. Bindley and F. W. Green (eds), **Ecumenical Documents of the Faith** (Methuen 1950(1987년 그린우드 출판사Greenwood Press에서 재출간))
- Henry S. Bettenson(eds), **Documents of the Christian Church** (Oxford University Press, 1943)

- Henry S. Bettenson(eds), **Early Christian Fathers** (Oxford University Press, 1956) 『초기 기독교 교부』(CH북스)
- Henry S. Bettenson(eds), **Later Christian Fathers** (Oxford University Press, 1970) 『후기 기독교 교부』(CH북스)

누군가는 발췌본이 아니라 본문 전체를 보고 싶어할 수도 있습니다. 펭귄 클래식 시리즈에 일부 본문 전체가 소개된 바 있습니다.

- Andrew Louth(eds), **Early Christian Writings** (Penguin Books, 1987)
- Eusebius, **History of the Church** (Penguin Books, 1989)
- Augustine, **Confessions** (Penguin Books, 1989) 『고백록』(경세원)
- Augustine, **City of God** (Penguin Books, 1972) 『신국론』(분도출판사)

가장 포괄적인 모음집은 아래와 같습니다(19세기에 처음 출간된 뒤 출판사를 바꾸어 계속 나오고 있습니다).

- Reverend Alexander Roberts(eds), **Ante-Nicene Christian Fathers** (총 10권, Cosimo Classics, 2007)
- Philip Schaff(eds), **A Select Library of Nicene and Post-Nicene Fathers of the Christian Church** (총 14권, Forgotten Books, 2018)

최근 미국 폴리스트 출판사Paulist Press에서는 '고대 그리스도교 저술가들'Ancient Christian Writers, 미국 가톨릭 대학교 출판사Catholic Universities of America Press에서는 '교회의 아버지들'Fathers of the Church 시리즈를 펴내고 있는데 계속 목록이 추가되고 있습니다(* '고대 그리스도교 저술가들' 시리즈는 뉴먼 출판사

Newman Press에서 다시 펴내 2019년까지 총 75권이 나왔으며 '교회의 아버지들'은 같은 출판사에서 계속 출간되고 있다). 옥스퍼드 대학교 출판사Oxford University Press에서 펴내는 '옥스퍼드 초기 그리스도교 문헌'Oxford Early Christian Texts 시리즈와 하버드 대학교 출판사Harvard University Press에서 펴내는 '로엡 고전 총서'Loeb Classical Library는 그리스어와 라틴어 본문을 영역문과 함께 싣고 있으며 이 책에서 언급한 다수의 글이 수록되어 있습니다. 이 책에서 언급한 테르툴리아누스의 글의 경우 아래 책에서 확인할 수 있습니다.

· E. Evans(eds), **Adversus Praxeas** (SPCK, 1948)

영지주의와 관련해 살펴볼 만한 책들은 아래와 같습니다.

· R. M. Grant, **Gnosticism: An Anthology** (Collins, 1961)

· W. Foerster, **Gnosis** (총 2권, Oxford University Press, 1974)

· Bentley Layton(eds), **The Gnostic Scriptures** (Doubleday and SCM Press, 1988)

· James Robinson(eds), **The Nag Hammadi Library in English** (Brill, 1988)

3. 좀 더 전문적인 독서를 위해서는 아래 책들을 추천합니다.

· J. N. D. Kelly, **Early Christian Doctrines** (A. & C. Black, 1977)

· J. N. D. Kelly, **Early Christian Creeds** (Longman, 1972)

· J. Quasten, **Patrology** (총 3권, Spectrum, 1983)

· Frances Young, **From Nicaea to Chalcedon** (SCM Press and Fortress Press, 1983)

· Robin Lane Fox, **Pagans and Christians** (Penguin, 1988)

· Kurt Rudolph, **Gnosis** (T. & T. Clark, 1984)

- Hans von Campenhausen, **The Formation of the Christian Bible** (Fortress Press, 1977)
- R. M. Grant, **Gnosticism and Early Christianity** (Harper & Row and Oxford University Press, 1959)
- R. M. Grant, **Greek Apologists of the Second Century** (Westminster Press and SCM Press, 1988)
- Henry Chadwick, **Early Christian Thought and the Classical Tradition** (Oxford University Press, 1966)
- L. W. Barnard, **Justin Martyr** (Cambridge University Press, 1967)
- R. A. Norris, **God and World in Early Christianity** (A. & C. Black, 1966)
- J. Trigg, **Origen** (John Knox and SCM Press, 1983)
- H. Crouzel, **Origen** (T. & T. Clark, 1989)
- W. H. C. Frend, **The Donatist Church** (Oxford University Press, 1952)
- A. Grillmeier, **Christ in Christian Tradition** (Mowbray and John Knox, 1975)
- R. P. C. Hanson, **The Search for the Early Christian Understanding of God** (T. & T. Clark, 1988)
- Rowan Williams, **Arius: Heresy and Tradition** (Darton, Longman & Todd, 1987)
- Peter Brown, **Augustine of Hippo** (Faber, 1967) 『아우구스티누스』(새물결)
- Peter Brown, **The Body and Society** (Columbia University Press, 1988)
- G. L. Prestige, **God in Patristic Thought** (SPCK, 1936)
- T. F. Torrance, **The Trinitarian Faith** (T. & T. Clark, 1988)
- Stuart G. Hall, **Doctrine and Practice in the Early Church** (SPCK, 1991)
- Ian Hazlett, **Early Christian Origins and Evolution to AD 600** (SPCK, 1991)

해설

프랜시스 영의 생애와 사상

로완 윌리엄스

신앙은 결코 유전자로 전달되지 않습니다. 태어날 때부터 그리스도인인 사람은 없습니다. 우리는 모두 이를 알고 있지요. 그러나 동시에 우리는 가정과 환경이 한 사람이 그리스도교 언어를 익히는 데, 그리고 신앙의 결을 갖는 데 얼마나 많은 영향을 미치는지를 알고 있습니다. 프랜시스 영의 친조부와 외조부는 모두 감리교 목사였고 그녀의 부모님은 모두 감리교 지역 설교자local preacher였습니다. 많은 독자는 영의 신학 저술이 마치 아름답고 자연스러운 음악을 듣는 것과 같다고 평가하지요. 이는 그녀의 성장 배경과 무관하지 않다고 저는 생각합니다. 영은 근본적으로 전통적이지만 완고하지 않으며 교리와 관련해 정통주의를 고수하지 않는 감리교 신앙에 많은 빚을 지고 있습니다. 그리스도교 신앙의 필수 요소가 무엇인지를 감지하는 능력, 신앙 고백 및 정식에 관해 너무 복잡하게 다루지 않고 그 풍요로움을 언어와 심상을 활용해 전달하는 자질 역시 마찬가지입니다. 그리고 이러한 자질은 신학함에 있어 비판 의식과 윤리 의식을 아울러 강조하는 케임브리지 학풍(이곳에서 영의 부모님이 만났고, 영은 남편과 만났으며 영의 아들도 아내를 만났습니다)과 결합했습니다. 이쯤 되면 여러분은 왜 영이 오랜 전통을 지닌 케임브리지 개신교 저술가들(존 우드 오만John Wood Oman*, 허버트 헨리 파머Herbert Henry Farmer**, C. H. 다드C. H. Dodd***, 어니스트 고든 럽Ernest Gordon

---

* 존 우드 오만(1860~1939)은 스코틀랜드의 신학자이자 장로교 목사다. 에든버러 대학교에서 박사 학위를 받은 뒤 케임브리지 웨스트민스터 칼리지에서 조직신학과 그리스도교 변증을 가르쳤다. 안위에 있는 교회에서 사역을 하기도 했으며 글래스고 대학교, 케임브리지 대학교 등에서도 강의했다. 주요 저서로 『은총과 인격성』Grace and Personality, 『자연과 초자연』The Natural and the Supernatural 등이 있다.

** 허버트 헨리 파머Herbert Henry Farmer(1892~1981)는 영국의 종교철학자이자 장로교 목사다. 케임브리지 웨스트민스터 칼리지를 거쳐 1949년부터 1960년까지 케임브리지 대학교 노리스 헐스 교수로 활동했다. 주요 저서로 『말씀과 하느님』The World and God, 『말씀의 종』The Servant of the Word, 『계시와 종교』Revelation and Religion 등이 있다.

*** C. H. 다드(1884~1973)는 웨일스 출신의 회중교회 목사이자 신약학자다. 옥스퍼드 유니버시티 칼리지에서 고전학을 공부하고 1912년

Rupp****)의 계보를 잇는 현대 신학자로 평가받는지를 알 수 있을 것입니다. 케임브리지 개신교 저술가들은 온화한 감성을 지닌 그리스도교인임과 동시에 계몽주의의 미덕을 체현한 학자들이었습니다. 이 둘을 함께 지니고 있기란 그리 쉬운 일이 아니지요. 영의 경우 여기에 더해 타인을 향한 애정 어린 시선을 갖고 있고 사적인 삶에서, 사역 현장에서, 학계에서 이를 일관되게 유지했습니다. 이는 목사 안수를 받기까지의 고단한 과정, 정신적으로나 신체적으로나 심각한 장애를 가진 아들 아서Arthur를 양육하는, 삶이 완전히 바뀌는 과정을 통해 힘겹게 얻은 감각이었지요.

학술 논문보다는 짧은 산문에서 자신의 통찰력을 좀 더 분명하게 표현해내는 재능을 지닌 신학자들이 있습니

    목사 안수를 받았다. 이후 3년간 사역을 하다 이후 맨체스터 대학교를 거쳐 케임브리지 대학교 노리스 힐스 교수로 활동했다. 이른바 '실현된 종말론'을 이야기한 학자로 널리 알려져 있다. 주요 저서로 『성서의 권위』The Authority of the Bible, 『성서와 그 배경』The Bible and Its Background, 『역사와 복음』History and the Gospel 등이 있다.

**** 어니스트 고든 럽(1910~1986)은 영국의 신학자이자 감리교 설교자다. 런던 킹스 칼리지에서 역사를 케임브리지 웨슬리 하우스에서 신학을 공부하고 케임브리지 대학교에서 교회사 교수를 역임했다. 주요 저서로 『마르틴 루터, 히틀러의 원인인가, 치료제인가』Martin Luther, Hitler's Cause or Cure?, 『토머스 모어』Thomas More, 『종교개혁의 흐름』Patterns of Reformation 등이 있다.

다. 오스틴 패러Austin Farrer*가 그랬고 도널드 맥키넌Donald MacKinnon**이 그랬지요. 프랜시스 영도 마찬가지입니다. 이는 그들의 학술 저작이나 좀 더 긴 글들의 가치가 떨어진다는 의미가 결코 아닙니다. 영의 경우, 젊은 시절 희생 개념에 대한 탁월한 연구와 최근 진행한 교부 주석에 대한 새롭고도 독창적인 연구(다른 무엇보다도 1992년부터 1993년까지 옥스퍼드 대학교에서 진행한 교부들의 성서 주석에 관한 강연은 기존 교과서들의 설명을 다시 쓰게 할 정도의 가치가 있습니다)를 남겼지요. 제가 강조하고픈 것은 그녀가 복잡한 내용을 단순하면서도 명료한 언어로 정제할 수 있는 능력을 갖고 있다는 것입니다. 이 같은 맥락에서 저는 영의 신학을 잘 보여 주는 저술이 1990년

---

* 오스틴 패러(1904~1968)는 성공회 사제이자 종교철학자, 신학자, 성서학자다. 옥스퍼드 대학교 발리올 칼리지에서 수학했으며 1929년 사제 서품을 받았다. 1935년부터 1960년까지 옥스퍼드 대학교 트리니티 칼리지의 채플린이자 교수로 활동했다. 1960년부터 세상을 떠날 때까지 옥스퍼드 대학교 키블 칼리지의 학장을 지냈다. 성서학, 종교철학, 신학 등 다양한 분야에서 주목할 만한 저작을 남겼으며 설교자로도 명성을 떨쳤다. 주요 저서로 『유한과 무한』Finite and Infinite: A Philosophical Essay, 『의지의 자유』The Freedom of the Will, 『믿음을 구하기』Saving Belief 등이 있다.

** 도널드 맥키넌(1913~1994)은 스코틀랜드 출신의 철학자이자 신학자다. 옥스퍼드 대학교 뉴 칼리지에서 공부하고 애버딘 대학교를 거쳐 1960년부터 1978년 은퇴할 때까지 케임브리지 대학교 노리스 헐스 교수를 지냈다.

대 그녀가 편집한 선집 『신비와의 만남』Encounter with Mystery에 실린 한 짧은 글이라고 생각합니다. 물론 장애에 관한 영의 신학적 사유를 좀 더 온전히, 감동적으로 보여 주는 저술은 아들 아서Arthur에 관한 책 『얼굴과 얼굴을 맞대고』Face to Face 겠지요. 하지만 그녀의 하느님 이해와 창조 이해의 핵심을 간결하고도 명쾌하게 보여 주는 저술은 저 『신비와의 만남』에 실린 「하느님의 창조 목적」The Creative Purpose of God이라고 저는 생각합니다. 이 글의 핵심을 간략히 말하자면, 우리는 유토피아를 위해 창조된 존재가 아니라는 것입니다. 그녀는 자신의 신학을 '한계의 신학'theology of limit이라고 부릅니다. 이때 '한계'는 적어도 두 가지 의미를 지니고 있습니다. 영에 따르면 하느님의 나라는 개인의 의지를 마음껏 발휘하는 데, 개인이 자신의 행복을 누리는 데 방해가 된다고 여겨지는 모든 장애물이 제거된 곳이 아닙니다. 통념적인 해방신학의 영향 아래 많은 이가 복음서가 제시하는 하느님의 나라, 하느님 나라의 도래를 '고통의 제거'로 보는 경향이 있다고 그녀는 지적합니다. 그리고 이에 맞서 우리에게 해결되기를 바랄 수 없는 종류의 고통, 다른 무엇보다 선천적인 장애로 인한 고통이 있음을 상기시키지요. 영은 '팔복'을 한계들에 대한 진술로 읽어보라고, 어떤 혁명적인 미래에 일어날 가치와

의미에 대해 말하는 진술이 아닌 이미 존재하는 무언가에 관한 진술로 읽어보라고 권합니다. 그녀에 따르면 팔복은 안정감을 얻기 위해, 삶을 통제하기 위해 분투하지 않는 이들의 삶에 이미 하느님의 의미가 자리하고 있다고 이야기합니다. 영은 이를 되새길 때만 우리와 마주하신 하느님께서 무엇을 보시는지, 무엇을 사랑하시는지를 알 수 있다고 강조합니다. 우리가 한 사람의 가치를 존중하기 전에, 이를 확립하기 위해 애쓰기 전에, 이미 그는, 언제나 가치 있습니다. 바꿀 수 없는 것과 마주했을 때, 이에 대한 적절한 반응은 이를 수동적으로 받아들이는 것이 아니라 사랑으로, 적극적으로 받아들이는 것입니다. 하지만 이를 인정하기란 매우 어렵지요.

'한계'의 두 번째 의미는 인간의 자아는 언제나 다른 자아를 필요로 한다는 점입니다. 인간은 너무나도 연약합니다. 근본적인 차원에서 인간은 극복될 수 없는 연약함을 지닌 존재입니다. 이것이 인간에 관한 적나라한 진실입니다. 너무나도 연약하기에 우리에게는 우리가 연약하다고 여기는 이들이 필요합니다. 구원은 이 근본적인 연약함에서 벗어나기를 바라는 환상, 내 곁에 있는 '약자'들, 너무나도 연약해 나를 불편하게 하는 이들에게서 벗어나기를 바라는 환상과는 아무런 관련이 없습니다. 나와 다른, 궁핍한 이들로부터 나를 안전하게 만들어주는 상태에 이르는 것과도 아무런 상관이 없습니다. 오히려 구원은 우리가 서로를 필요로 하는 존재임에 눈을 뜨게 되는 것이라고, 그렇게 하느님께서는 타인의 도움, 타인의 낯섦, 아니면 그저 타인이 곁에 있다는 사실을 통해 우리가 진정 필요로 하는 것을 주신다고 영은 말합니다.

『신비와의 만남』 서문에서 영은 장애인 아들을 통해 어떻게 "수년간의 연습을 거쳐 비언어적인 의사소통"에 능숙하게 되었는지를 간결하고도 효과적으로 이야기합니다. 하지만 이 이야기는 (어떠한 기준으로든) 심각한 손상을 입어 고통을 겪고 있는 사람에 관한 이야기라는 인상을 주지 않습니다. 여기에는 감상주의가 없습니다. 장애가 별문제가 되지 않는다는 이야기가 아닙니다. 서로 함께 잘 지내면 모든 문제가 사라진다는 이야기도 아닙니다. 장애가 있는 이들은 '내'(이른바 '정상적인' 기능을 갖춘 행위자agent 혹은 발화자speaker인 '나')가 가고 싶어 하지 않는 곳으로 나를 데려감으로써 통념적인 의사소통에 도전하고 그 의미를 확장합니다. 그렇게 그들은 자신들의 장애라는 즉각적인 한계를 넘어서서 다른 이를 '인도'합니다. 이러한 맥락에서 한계를 넘어선다는 것은 의사소통의 어려움이라는 현실, 그리고 이 의사소통이 변모

되는 것과 관련이 있지요. 은총의 전체 활동, 십자가와 부활을 본질적으로 어려우면서도 유동적인 친교와 소통의 문제로 보는 것, 이것이 프랜시스 영 신학의 핵심에 자리하고 있다고 저는 생각합니다.

성서와 초기 그리스도교

구원 사건이 우리에게 의사소통의 문제를 일깨운다는 통찰은 프랜시스 영이 초기 그리스도교 신학 언어와 관련해 쓴 많은 글에 반영되어 있습니다. 1970년대에 나온 논문 모음집 『성육신한 하느님이라는 신화』The Myth of God Incarnate에서 그녀는 "갈보리 중심의 종교적 신화"Calvary-centred religious myth(34)의 필요성에 대해 논의했는데 이는 그 기이한 모음집에 실린 전형적인 글들과는 거리가 멀었습니다. 여기서 그녀는 카파도키아 교부들이 제시한 삼위일체론의 중요성을 재차 강조했는데, 이를 통해 신학 언어가 명확성과 문제 해결에 집착하는 경향에 대해 경고함과 동시에 은유를 더 단순한 진리를 전달하는 (개념보다 열등한) 신학의 도구, 궁극적으로는 불필요한 도구로 간주하는 것을 거부했습니다. 은유로 대표되는 의사소통의 어려움에 대한 자각과 고민은 교회의 활동을 규정하며 우리가 '새로운 세계'에 초대받고 있음을, 교부들의 언어를 빌리면 신성한 생명에 참여함을 드러낸다고 그녀는 생각했습니다. 영은 자신의 초기 저술 이후 끊임없이 이 문제를 지적했지요. 우리가 하느님의 활동하는 생명에 참여하고 있음을 감지할 때 우리는 우리가 하는 말이 충분치 못함을, 명료하지 못함을 알게 됩니다. 라르쉬 공동체의 장애인들과 마주했을 때, 그리고 니사의 그레고리우스의 저술에 다가갈 때 그녀는 이러한 통찰을 적용합니다.

1994년 버밍엄에서 열린 공개 강연(이 강연 제목은 R. S. 토머스R. S. Thomas의 시에서 인용한 '침묵을 위한 시간 - 우리는 감히 기도에 대해 말할 수 있는가?'A Time for Silence: Dare We Mention Prayer?였지요. 그녀는 종종 그의 시를 인용했습니다)에서 프랜시스 영은 '비-실재론'non-realism 신학을 조심스럽게 비판했습니다. 그리고 끔찍하고, 고통스럽고, 실망스러운 세상 가운데서 하느님이 실재하시고 활동하심을 믿게 되었을 때 일어나는 곤혹스러움, 당황스러움, 형언할 수 없음을 상기했지요. 이 거칠고 우리가 좌지우지할 수 없는, 위험한 실재는 불시에 우리에게 다가온다고, 고전적인 신학은 바로 이를 가리키고 있다고 그녀는 말했습니다.

이러한 맥락에서 신학자는 당혹감이나 위험을 회피하려 해서는 안 됩니다. 영은 끊임없이 지극히 개인적이고 (소름 돋을 정도로) 경건한 글쓰기에 도전합니다. 이는 그녀가 저 당혹감과 위험에 대한 불안으로부터 자유로워졌다는 증거라 할 수 있습니다. 그리고 이는 다시 한번, '한계'에 주목하게 만듭니다. 어떤 면에서 역설적으로 보일 수도 있겠지만, 그녀는 관습적인 학문의 경계를, 즉 신학의 여러 분과(교부학, 신약학, 조직신학)를, 그리고 이른바 학계에 속한 사람들이 존중하는 장르의 글과 존중하지 않는 글 사이를 넘나듭니다. 이는 영이 자신의 '한계'를 인지하지 못하기 때문에, 학문 간 '경계'를 무시해서가 아닙니다. 그녀는 특정 학문 분과가 자기 안으로만 파고들려 하는 경향을 넘어서야 함을, 자족하려는 열망을 극복해야 함을 알고 있습니다. 초기 그리스도교인들의 성서 주석에 대한 연구는 그녀의 이러한 통찰과 관련이 있습니다. 저와 같은 세대에 속한 신학자들 대부분은 교부 시대의 성서 해석자들이 우의적 해석을 선호하는 신학자와 문자적 해석을 선호하는 신학자로 (깔끔하게) 나뉘었다고 배웠습니다. 앞서 언급한, 옥스퍼드 강의에서 정점을 찍은 일련의 연구들을 통해 프랜시스 영은 이러한 통념에 도전했습니다. 그녀는 고대 세계라는 맥락에서 그리스도교인들이 본문을 해석할 때 실제로 무엇을 하고 있다고 여겼는지 좀 더 상세히 살펴보라며 그 세계로 우리를 초대했습니다.

안티오키아 신학자들은 성서 주석을 하며 '역사'를 강조했지만, 현대인들이 생각하는 역사적 정확성, 타당성에 관심을 기울였다는 의미에서 역사를 강조한 것은 아니었습니다. 오히려 이는 저자가 속한 환경에서 쓰는 언어, 양식화된 표현 방법을 의식하며 본문을 읽는 것, 본문의 의미를 알기 위해서는 그 내용에 관한 올바른 정보를 갖고 있어야만 한다는 것을 뜻했습니다. 이는 그들이 고대 후기 로마의 수사학 교육을 받았다는 것과 관련이 있지요. 그러므로 안티오키아 신학자들의 '역사적' 성서 해석을 이해하기 위해서는 역사에 대한 근대적 탐구라는 개념 자체를 포기해야 합니다. 고대 해석자들은 성서 본문의 각 단어가 어떠한 맥락과 흐름 속에 있는지, 그 속에서 어떠한 의미를 갖게 되는지를 최대한 파악하려 노력했습니다. 그렇게 해서 이루어진 내용은 발굴해야 할 유물 같은, 자신들로부터 멀리 떨어져 있는 무언가가 아니라고 생각했지요. 이러한 맥락에서 초기 교회의 이른바 '문자주의자'literalist들의 해석 방법론은 이른바 '우의주의자'allegorizer들의 방법론과 크게 다르지 않았습니다. 두 학파(이들을 학파라 부를 수 있다면)는 모두 본문을 이해 가능한 전체로 받아들여야 한다고 생각했습니다. 그리고 이 전체는 하느님과 세계에 관해 무언가를 가르친다고 보았지요. 달리 말한다면 그들은 이미 교리라는 맥락 속에서 성서를 읽었습니다. 올바른 성서 독서의 여부는 하느님의 활동에 대한 전체 비전에 기초하고 있으며 성서를 이해하기 위해서는 하느님의 활동을, 그분의 은총이 어떻게 우리의 삶에 스며들어 우리의 정신과 마음을 뒤흔들고 변모시키는지를 이해해야 한다고 그들은 생각했습니다. 우리는 성찰과 가르침이 얽히며 형성된 문화를 통해 그분의 활동을 이해한다는 것이지요. 영은 성서 본문을 읽을 때 우리가 정보를 얻는 통로이자 기반이 되는 것을 '서사 논리'narrative logic라고 불렀습니다. 이렇게 그녀는 교부들의 성서 해석을 좀 더 광범위한 신학적 헌신theological commitment의 일환으로 보았습니다. '문자적' 의미를 중시하는 이들은 상징적 해석, 영적인 해석의 가치를 의심합니다. 하지만 성서 본문에 단 하나의 '문자적' 의미만이 있다고 해서 하느님과 인간이 나누는 의사소통의 근본적인 어려움이 상쇄되지는 않습니다. 교회의 가르침, (그리고 다른 무엇보다) 기도(이 둘은 그리스도교 교리를 형성하며 다시금 이 교리는 교회의 가르침과 기도를 형성합니다)를 통해 드러난 세상에 참여하고 헌신하는 활동이라는 점에서 모든 성서 독서는 '영적'입니다.

영은 새롭고, 언뜻 보기에 기이해 보이는 말이 우리에게 새로운 상상력을 일으킨다고, 새롭고, 헤아릴 수 없는 세계로 우리의 상상력을 넓힌다고 확신하며 이를 감지하는 고유한 감각을 지니고 있습니다. 그녀가 찬송가, 시를 자주 활용하고 자신의 논의를 전개할 때 음악의 비유를 탁월하게 쓰는 것은 이 때문이겠지요. 오늘날 성서를 읽는다는 것에 대한 성찰을 담고 있는 『연주의 기술』The Art of Performance에서 그녀는 성서를 일종의 '악보'로 묘사합니다. 초기 저작인 『이 뼈들이 살아날 수 있겠느냐?』Can These Bones Live?에서 이미 그녀는 대담하게 찬송가를 은유로 활용해 성서 읽기와 연결한 바 있지요. 비평가들이 그녀를 조직신학자로 불러야 할지, 말아야 할지 고민하는 이유는 바로 이 때문이라고 저는 생각합니다. 지금까지 살펴본 것을 통해 알 수 있듯 그녀는 어떤 강한 인상만을 남기나 체계적이지 않은 글을 쓰는 작가가 아닙니다. 그녀의 글에는 내적 일관성이 있습니다. 영은 교리에 대한 일관된 관점과 태도를 갖고 있으며 이를 일관된 심상들로 표현해냅니다. 하지만 이들은 언제나 사목이라는 맥락에 놓여있지요. 이러한 맥락에서 영이 논의했던 교부들의 글처럼 그녀의 글은 일종의 '응용 신학'applied theology이라 할 수 있습니다. 이때 '응용 신학'은 조직신학보다 덜 복합적인 사고를 하는 신학, 체계적 구성보다는 실천을 더 중시하는 신학을 뜻하지 않습니다. 영의 저술들에 일관되게 흐르는 (탐구 주제에 대한) 관심, 성실함, 신중함, 섬세함이 이를 잘 보여주지요.

여성주의자?

신학자로서 프랜시스 영의 가장 흥미로운 면모는 그녀가 한편으로는 '여성주의' 작가이면서, 동시에 '여성주의' 작가가 아니라는 것입니다. 유럽이나 미국의 주류 여성신학 내부에서 이루어지는 담론들과 거리를 두고 있다는 점에서 그녀는 '여성주의자'가 아닙니다. 여성신학자들의 글 모음집이 있다면, 거기에 영의 글이 있을 것 같지는 않습니다. 그러나 몇몇 위험한 경계를 기꺼이 넘어서려 한다는 점에서, 그리고 자유의 속박, 제약과 관련된 고유한, 그리고 고통스러운 경험을 자신의 신학에 반영한다는 점에서 그녀는 (여성신학에서 중시하는) 거짓되고 자기기만적으로 객관성을 내세우는 세상에서 독특한 신학적 자유를 선보이는 여성 저술가라 할 수 있습니다. 이 사안에 대해 영과 이야기를 나누거나 그녀의 글을 읽어본 적은 없습니다만 앞서 언급한 '한계'에 대한 의식이 여기서도 중요하게 작용하고 있다고 저는 생각합니다. 앞서 보았듯 프랜시스 영은 (특정 급진주의에 대한 라이오넬 트릴링Lionel Trilling의 날카로운 지적처럼) 비극을 쓸모없는 것으로 여기는 세상, 죽음을 받아들일 수 없는 반동으로 여기는 세상을 염원하고 외치는 해방의 수사에 매우 신중한 태도를 보입니다. 저는 프랜시스 영과 안젤라 웨스트Angela West가 현대 신학에 대해 주고받는 이야기를 너무나 듣고 싶습니다. 어떤 면에서 안젤라 웨스트는 훨씬 더 노골적인 '여성주의 신학자'이지만, 이 세계에 자리한 불가해한 비극성에 대한 통찰, 피할 수 없는 한계에 대한 유토피아주의의 폭력성에 대한 의구심을 영과 공유하고 있기 때문입니다. 여성주의 담론에 대해 영이 (상대적으로) 침묵하는 이유는 이 담론에서 통용되는 구원이 일종의 한계 없는, 경계 없는 해방과 동일시되고 있기 때문이라고 저는 짐작합니다. 기도에 관한 1994년 강연에서 그녀는 현대 세계에서 종교가 '여성화된' 사적 영역으로 밀려난 것을 지적한 바 있습니다.

> 후기 그리스도교 세계에서 실질적으로 사회를 지배하는 것은 무신론입니다. 공적 영역에서 종교 담론이 부재한 상황은 종교가 사적인 '여성 게토'female ghetto에 놓이게 만듭니다. 그리고 많은 남성은 종교를 자신과 관련이 없는 것으로 일축해 버립니다. (147)

영에 따르면, 이를 넘어서는 방법은 사적 영역이 있다는 것을 부정하는 것도 아니고, 여성과 남성에 차이가 있음을 부정하는 것도 아닙니다. 그녀는 사적 영역과 공적 영역이 서로 연결되고 남성과 여성이 서로를 교육하는 방법을 찾아 모두가 성장과 확장을 이루어야 한다고 이야기합니다. 그리고 이러한 이야기가 그녀의 삶에서 우러나온 것이라는 점에는 의문의 여지가 없습니다.

영은 사실상 한 세속 교육기관에서 평생을 일했습니다. 복잡한 현대 학문 정치 세계에서 행정가 역할을 노련하게 수행해 존경을 받기도 했지요. 또한 그녀는 (고린토인들에게 보낸 둘째 편지에 대한 탁월한 저작을 함께 쓴 전前 학교 동료였던 데이비드 포드David Ford가 그러하듯) 도시 중심의 대중 그리스도교 세계 (신학 기관을 둘러싼 채 그 기관에서 활동하는 이들에게 무엇이 있는지, 없는지, 무엇을 믿을 수 있고 믿을 수 없는지를 대놓고 질문하는 세계) 에서도 활발히 활동했습니다. 그리고 감리교 지역 설교자, 나중에는 안수를 받은 목사로서 영은, 많은 신학 지식을 갖고 있지는 않지만 성서를 열심히 읽으며 이상하고 어려운 신앙의 언어를 익히고 구사하는 이들이 그리스도교 영성에서 자양분을 얻을 수 있도록 도움을 주었습니다. 이처럼 그녀는 여러 영역이 교차하는 곳에 있습니다. 저는 이곳이 신학자가 있기에 좋은 장소라고 믿습니다. 이곳에서 영은 다루기 어려운 질문들을 회피하지 않았습니다. 감상주의에 빠지지 않았으며 교회 내 갈등이라는 현실에 침묵하지도, 이를 별 것 아닌 문제처럼 다루려 하지도 않았습니다. 1993년 콤포스텔라에서 열린 신앙과 직제 세계대회에 참여한 이들은 영과 함께 갈라디아인들에게 보낸 편지를 읽으며 그녀의 성서 연구 방식, 그녀가 보여준 깊은 정직함을 기억합니다. 또한, 사도들이 교회의 주요 문제들에 대해 의견이 일치하지 않았다는 점을 영이 상기하자 어떤 이들이 이를 받아들이기 어려워하며 불안해하는 모습을 보인 것도 기억할 것입니다. 여기서 다시 한번, 우리는 '어려운 의사소통'의 문제로 돌아옵니다. 교회는 매끄럽고 세련된 논의를 통해서가 아니라 새로운 방식으로 말하기 위해 분투하고 싸우는 가운데 형성되었습니다. 고린토인들에게 보낸 둘째 편지는 이를 분명하게 보여주고 있으며 영의 모든 신학 저술은 바로 이를 가리키고 있습니다. 그녀가 평생에 걸쳐 목사로서의 영역, 신학자로서의 영역 모두에 헌신한 이유도 바로 이 때문입니다. 한 기관에서 평생을 보내는 것이 흔한 일은 아닙니다. 게다가 이주를 장려하는 경향, 더 만족스럽고 스트레스를 덜 받는 환경으로 가기를 권하는 학계 현실을 고려하면 더더욱 그러하지요. 하지만 영은 환경의 불완전함을 받아들이고 자신이 속한 환경에 헌신했습니다. 피할 수 없는 제약이라는 한계를 받아들이는 차원에서 말이지요. 그녀는 교회에 헌신하듯 버밍엄 대학교에 (어떠한 환상도 없이 인내하며) 헌신했습니다. 유토피아의 원래 뜻대로 교회에도, 학계에도 유토피아는 없습니다. 삶에서, 그리고 신학에서 신앙의 증인이 지닌 힘, 그리고 미덕은 이처럼 단호하게 어려움을 받아들이는 데 있습니다.

신학계에서는 영을 진보주의자로 보아야 할지 보수주의자로 보아야 할지 머뭇거리고는 합니다. 실제로 그녀는 그러한 식으로 분류하는 것이 불가능한 신학자입니다. 『성육신한 하느님이라는 신화』에 공헌했음에도 불구하고, 그녀는 고전적인 교리 정식에 대한 회의주의자로 분류되기를 거부합니다. 웨슬리의 고전적인 찬송가에 담긴 심상들을 적극적으로, 유창하게 활용했음에도 불구하고, 그녀는 경건주의자나 전통주의자로 분류되기를 거부합니다. 성서 주석의 형성기에 대한 영의 연구는 현대 근본주의의 문제, 근본주의의 잘못된 단순함을 분명하게 드러냈지만, 동시에 그녀는 성서를 읽을 때 교리와 기도라는 맥락이 필수불가결하다고 이야기합니다. 자신의 경험에 대한 영의 신학적 성찰은 방법론의 측면에서 매우 현대적이지만, 그 내용에 이른바 낙관적 진보주의자들은 불편함을 느낍니다. 아들의 특별한 삶, 그리고 그 삶과 연결된 그녀의 헌신은 우리에게 어떠한 위안도 주지 않습니다.

> 하느님과 우리의 의사소통은 명확하지도, 편안하지도, 유창하게 이루어지지도 않습니다. 오히려, 그분은 우리의 의사소통을 변모시키십니다. 이것이 성찬이 가리키는 바입니다. 이러한 맥락에서 성찬에는 고통은 해결되어야 할 문제가 아니라 우리가 스스로 우리의 생각과 말에 안주하려는 경향을 침해한다는 관점, "우리가 울부짖는 곳은 바로 새로운 삶이 시작되는 곳"이라는 관점, 이러한 관점이 녹아들어 있습니다. (『신비와의 만남』 서문 중)

프랜시스 영은 철학적 신학이라 부를 수 있는 작업을 직접적으로 한 적이 거의 없습니다. 초기 교회에 관한 그녀의 글을 읽으면 그녀는 사변에 열을 올리는 알렉산드리아 학파보다는 '수사'에 관심을 기울이는 안티오키아 학파에 좀 더 공감하는 것처럼 보입니다. 이는 신앙의 교사에 우선순위를 두는 그녀의 현재를 반영합니다. 영에게 중요한 것은 우리의 시선이 닿는 모든 곳을 완전히 보게 해주는 체계가 아닙니다. 오히려 그녀는 고통스럽고 모호한 현실 가운데 하느님께서 함께하심을 깨달아 변모된, 그리하여 깨진 채 더듬거리는 신앙인들의 말에 귀 기울이라고 우리를 설득하고, 그들의 세계로 우리를 초대합니다. 성서 저자들은 하느님이 우리를 바라보시는 그 시선으로 우리를 바라보고, 체험하도록 이야기를 전했습니다. 그리고 고대 성서 해석자들은 그 이야기에 담긴 '서사 논리'를 밝혀내 우리가 같은 체험을 하도록 애썼습니다. 그들과 동시대를 살았던 신학자들 또한 같은 방식으로, 같은 목적을 위해 이야기를 전했습니다. 프랜시스 영은 고통스러울 정도로 솔직하면서도 감동적인 이야기를 전하는 매우 이례적인 신학자입니다. 좌우를 막론하고 장황하게 말하고 자신을 드높이는 경향이 지배적인 현대 신학의 풍토 가운데 그녀는 '연약한 이야기'라는 선물을 우리에게 주었습니다. 많은 학자는 그녀를 정직함과 지혜의 본으로 여기며 그녀에게 감사를 표합니다. 신학이 우리가 '다른 곳'에 대한 환상을 갖도록 부추기는 것이 아니라 삶에 자리한 여러 한계와 마주하는 가운데 그 과정에서 기쁨과 구원을 찾도록 도움을 주는 것이라면 영은 모범적인 신학자라고 할 수 있습니다. 저는 신학이란 그래야 한다고 생각하며, 그녀는 그렇게 신학을 하고 있습니다.

프랜시스 영 저서 목록

- **Sacrifice and the Death of Christ** (London and Philadelphia: SPCK and Westminster Press, 1975(1983))
- **Sacrificial Ideas in Greek Christian Writers** (Cambridge, Mass: Philadelphia Patristic Foundation, 1979)
- **Can These Dry Bones Live?** (London: SCM Press, 1982(1991))
- **First Studies in New Testament Greek** (Birmingham: University of Birmingham, 1982)
- **From Nicaea to Chalcedon** (London and Philadelphia: SPCK and Fortress Press, 1983)
- **Face to Face** (London: Epworth Press, 1985)
- **Focus on God** (케네스 윌슨Kenneth Wilson과 공저, London: Epworth Press, 1985)
- **Meaning and Truth in 2 Corinthians** (데이비드 포드David Ford와 공저, London: SPCK, 1987)
- **The Art of Performance: Towards a Theology of Holy Scripture** (London: Darton, Longman & Todd, 1990(1993))
- **The Making of the Creeds** (London: SCM Press, 1991(2002)) 『신경의 형성』(비아)
- **The Theology of the Pastoral Epistles** (Cambridge: Cambridge University Press, 1994)

- **Biblical Exegesis and the Formation of Christian Culture** (Cambridge: Cambridge University Press, 1997)
- **Brokenness and Blessing** (London: Darton, Longman & Todd, 2007)
- **God's Presence: A Contemporary Recapitulation of Early Christianity** (Cambridge: Cambridge University Press, 2013)
- **Arthur's Call: A journey of faith in the face of severe learning** (London: SPCK, 2014)
- **Construing the Cross** (London: SPCK, 2016)
- **Exegesis and Theology in Early Christianity** (London: Routledge, 2018)
- **Ways of Reading Scripture: Collected Papers** (Tübingen: Mohr Siebeck, 2018)

신경의 형성
- 신경은 어떻게 신경이 되었는가?

초판 발행 | 2022년 3월 31일

지은이 | 프랜시스 영
옮긴이 | 강성윤 · 민경찬

발행처 | 비아
발행인 | 이길호
편집인 | 김경문
편 집 | 민경찬
검 토 | 손승우 · 이신효 · 정다운 · 황윤하
제 작 | 김진식 · 김진현 · 이난영
재 무 | 이남구
마케팅 | 유병준 · 김미성
디자인 | 손승우

출판등록 | 2020년 7월 14일 제2020-000187호
주　소 | 서울시 강남구 봉은사로 442 75th Avenue 빌딩 7층
주문전화 | 010-2088-5161
이메일 | innuender@gmail.com

ISBN | 979-11-91239-69-0 (03230)
한국어판 저작권 ⓒ 2022 타임교육C&P

* 값은 뒤표지에 있습니다. 잘못된 책은 구입하신 곳에서 바꾸어 드립니다.
* 비아는 (주)타임교육C&P의 단행본 출판 브랜드입니다.